# 21世紀の中国映画
Chinese movie of the 21st century

藤井省三［著］
Fujii Syozo

東方書店

# まえがき

中国は長大な時間と巨大な空間、そして厖大な人々から成り立ちます。

そして日中両国間の交流は、一九七二年の国交回復以後、半世紀余りの間、拡大し続けてきました。二〇二〇年代初頭にコロナ禍による三年ほどの縮小期間が生じたものの、二三年に至り再開しております。中国は政治経済文化の各方面において、常に大きな話題となっておりますが、それでも現代中国人の情念や論理を理解するのは、容易ではありません。

私は魯迅（ルーシュン、ろじん、一八八一～一九三六）から張愛玲（チャン・アイリン、ちょうあいれい、一九二〇～九五）、そして莫言（モーイエン、ばくげん、一九五五～）までの現代中国文学を長らく学んできまして、綺羅星《きらぼし》のごとく輝く魅力的な人々―作家とその作品の登場人物―に出会いましたが、彼らの思いを星座図として描こうとすると、キーボードを打つ指がしばしばフリーズしてしまうのです。

そのような時に中国映画を見ると、星座が一目瞭然に浮かび上がることも少なくなく、私は中国訪問時には暇を見ては映画館に出掛け、中国映画の日本公開時には映画祭や上映館に通ってきました。論文執筆中でも新聞・雑誌から映画評依頼を受け、配給会社からパンフレット用解説を頼まれれば、可能なかぎり引き受けてきました。このように今世紀に私が書いてきた映画評など二五本から構成されているのが、本書『21世紀の中国映画』なのです。

中国映画評論家の井上俊彦氏によりますと、コロナ禍以前の二〇一九年には興行収入が「642億元、日本円にすると約1兆円を記録。2011年に日本に並びかけた中国の映画市場は、すでに日本の4倍の市場規模に成長して」おり、コロナ禍中の二〇二一年だけでも「国産映画は740部」と大量製作されているとのことです（「2019年の中国映画を振り返る」「2021年の中国映画事情」共に中国映画ファンのメーリングリストで二〇二〇年一月および翌年一月に発表）。

急速拡大してきた中国映画市場において、本書収録の二十数作は、厖大な氷山の一角にすぎません。それでもこれら名作の数々は、同時代中国の人々の情念と論理を夜空に展開する星座の如く、私たちの眼前に表してくれることでしょう。

本書は七つの視点から21世紀の中国映画に迫ります。

「第一章　プロローグ——中華民国の終わりと人民共和国の始まり」では、まずは陳凱歌（チェン・カイコー、ちんがいか、一九五二〜）監督の代表作とされる『さらば、わが愛／覇王別姫』を取り上げます。同作は一九九三年の製作ですが、二〇二三年七月に4K版としてカムバックしました。北京京劇界の人々の中華民国から中華人民共和国までの愛と憎、そして経済的・政治的苦難の歴史を描く作品です。続けて二一世紀初頭に製作された四作を通覧しながら、文化大革命（一九六六〜七六）収束から天安門事件（一九八九）、その後の高度経済成長の明暗に至るまでを概観します。

「第二章　天安門事件から暗黒の不動産開発まで」では鬼才の監督婁燁（ロウ・イエ、ろうよう、一九六五〜）の『天安門、恋人たち』を通して、ヒロインの愛情多角関係と天安門事件という政治的大事件との関わりを考察します。同じく婁燁監督『シャドウプレイ』は大手不動産開発会社の中国恒大集団の経営危機を予言するようなミステリアスな物語です。続けて〝黒色電影《フィルム・ノワール》〟『鵞鳥湖の夜』（刁亦男監督）では〝城中村〟すなわち大都武漢市中の旧農村部スラム街を舞台として展開する〝黒社会〟の裏切りと情愛を考察します。

第三章はジャ・ジャンクー（賈樟柯、かしょうか、一九七〇〜）監督特集。『青の稲妻』『世界』『長江哀歌』『四川のうた』『罪の手ざわり』『帰れない二人』の六作による中国〝底層叙述〟を通して、貧困層や没落中産階級の悲哀と希望を熟考しましょう。

「第四章　改革開放経済の明暗」は高度経済成長に伴う映画館の興廃、前衛詩人の没落、国営企業労働者たちの家族愛と友情を描く名作を紹介します。また秦の始皇帝映画の中でも特に著名な張芸謀（チャン・イーモウ、ちょうげいぼう、一九五〇〜）監督『英雄』のイデオロギー問題、さらには清朝紫禁城の〝大奥〟を描いたテレビ大河ドラマの傑作が抱える女性問題も議論します。

硬い話題の後には、癒やし系の傑作映画を取り上げて江南水郷の古都にご案内しましょう。

第五章では〝反右派〟闘争（一九五七）から文化大革命（一九六六〜七六）の傷痕を描く中国と日本のドキュメンタリー映画三作をご紹介します。

第六章は日中戦争の記憶を描く戦争映画二作を考察した後、現代シンガポールに飛んで「病める家」について考えましょう。

第七章「エピローグ」では〝小さき麦〟を植える農民の愛の詩を紹介し、満映の大スター李香蘭こと山口淑子（一九二〇～二〇一四）のアイデンティティに思いを馳せます。

本書が読者各位の良き現代中国映画ガイドとなることを願っております。

なお前世紀の中国映画に関しては、拙著『中国映画　百年を描く、百年を読む』（岩波書店、二〇〇二年）をご参照ください。

本書の人名・地名のカタカナ表記は、中国語研究者の池田巧氏が監修をされ、中国文学研究者・批評家の福嶋亮大氏が作成された「中国語音節表記ガイドライン〔メディア用〕Ver.1」を基準としましたが、「ジャ・ジャンクー（賈樟柯）」など広く通用しているものは例外としております。

藤井省三

二〇二四年春　東京多摩市にて

21世紀の中国映画　目次

# 21世紀の中国映画

画像提供／発売元・販売元情報

アップリンク
天安門、恋人たち ＊ シャドウプレイ

ビターズ・エンド
青の稲妻 ＊ 世界 ＊ 長江哀歌 ＊ 四川のうた ＊ 罪の手ざわり

ブロードメディア
鵞鳥湖（がちょうこ）の夜

ムヴィオラ
春江水暖～しゅんこうすいだん ＊ 無言歌 ＊ 死霊魂 ＊ 小さき麦の花
◎ DVD 発売中／シアター・ムヴィオラでデジタル配信中。

蓮ユニバース
延安の娘

ワコー
1978 年、冬。

帰れない二人
発売元：ビターズ・エンド、ミッドシップ／販売元：紀伊國屋書店／¥4,800+税
◎ソフトの商品情報は本書の発売当時のものです。

在りし日の歌
発売元：ビターズ・エンド、ミッドシップ／販売元：紀伊國屋書店／¥4,800+税
◎ソフトの商品情報は本書の発売当時のものです。

英雄
発売：カルチュア・パブリッシャーズ／販売：TC エンタテインメント

# 第一章　プロローグ——中華民国の終わりと人民共和国の始まり

# クロニクル『さらば、わが愛／覇王別姫』

『さらば、わが愛／覇王別姫』

本作は、二人の京劇役者の五十余年に及ぶ友情と愛情、そして出会いと別れの物語である。さらには政治と芸術・愛情との板挟みの苦悩を描く作品でもある。

役者ご両人が生きた半世紀とは、内戦続く中華民国から文化大革命で荒廃する人民共和国の時代であり、京劇の本場、北京の支配者も次々と興亡を繰り返す。以下、主人公たちの愛の行方を、政権の変遷と共に年代記風に描いてみよう。

## （一）中華民国・北京北洋軍閥政府期（一九一二～一九二七）

一七世紀中葉に世界で最も豊かだった漢族王朝の明を征服した満州族王朝の清も、一九世紀末には人口増などの内政問題と西欧の侵略とにより末期的症状を呈し、一九一一年の辛亥革命で倒壊した。翌年にはアジアで最初の共和国中華民国が誕生したものの、清朝の重臣袁世凱（ユアン・シーカイ、えんせいがい、一八五九〜一九一六）により一時帝政が復活、彼の死後には軍閥割拠の内戦状態が続いた。北京とその周辺は袁直系の北洋軍閥政府が支配を続け、欧米・日本などの列強諸国は同政府を対中国外交の交渉相手と見なし、現代風に言えば「債務の罠」を仕掛けて、中国への進出・侵略を激化させていた。

『さらば、わが愛／覇王別姫』の小豆子（シアオドウズー）が北京で娼婦の母により関家京劇団に売られたのは一九二四年冬のこと、当時九歳だった彼は中華民国建国から四、五年後に生まれている。母親が娼婦となり、さらには可愛い息子を劇団に身売りに出さざるを得なかった背景には、内外の苛酷な政治状況による社会的混乱があったのだろう。小豆子《シアオドウズー》の兄貴分となる小石頭（シアオシートウ）や厳しいお仕置きに堪えかねて自殺する小癩子（シアオライズー）など、ほかの劇団の男児たちの事情も同様であろう。

## （二）中華民国・国民党統治期（一九二八〜一九三七）

このような軍閥割拠の惨状に対し、統一中華民国を望む声が全国から沸き起こり、ロシア革命（一九一七）の影響を受けて誕生した中国国民党と中国共産党は協力して国共合作に至り、一九二六年に北伐戦争による国民革命を開始し、二年後にはほぼ中国統一に成功する――その間の二七年四月一二日に、共産党の勢力急拡大を恐れた国民党指導者の蔣介石（ジアン・ジエシー、しょうかいせき、一八八七～一九七五）が反共クーデターを発動する、という動乱も生じているが。

蔣は〝十年間の訓政期〟と称する時限的一党独裁体制を堅持しながら首都を北京から南京に遷し、上海を中心に着々と経済建設を押し進めた。新聞雑誌の発行量も激増し、文芸界では魯迅（ルーシュン、ろじん、一八八一～一九三六）が文科省官僚も大学教授も辞職して職業作家となったのを始め、老舎や巴金らベストセラー小説家も続々と登場し、演劇・映画界も活況を呈する。

このような中華民国黄金時代にあって、北京の京劇団で十年の修業を積んできた小石頭《シアオシートウ》と小豆子《シアオドウズー》はそれぞれ男役の段小楼（ドワン・シアオロウ）、女形（おやま）の程蝶衣（チョン・ディエイー）という芸名を名乗り、当たり狂言『覇王別姫』を共演して、北京の京劇ファンの大喝采を得ていた。そのいっぽうで、段《ドワン》は高級娼婦の菊仙（ジューシエン）を妻に迎え、兄弟子にして相役の彼に恋情を抱いていた程《チョン》は嫉妬に苦しむ。

## （三）盧溝橋事件後の日中戦争期（一九三七～一九四五）

しかし中華民国繁栄の夢は打ち砕かれる。中国ナショナリズム勃興により従来の権益を失うことをおそれた日本が、満州事変（一九三一）を経て三七年にはついに中国への全面侵略を開始したのである。

北京を占領した日本軍は、反抗心を露わにした段小楼《ドワン・シアオロウ》を逮捕する。菊仙《ジューシエン》が段《ドワン》との離別さえも申し出て程蝶衣《チョン・ディエイー》に助けを求めてきたので、程《チョン》は日本軍将校たちの宴席に赴き古典の一節を舞い、一同を魅了するのであった。

## （四）戦後の国民党統治期（一九四五〜一九四九）

一九四五年八月の日本敗戦後、国民党が民衆の歓呼の声に迎えられて北京に戻って来るが、八年に渡る抗日戦争の間に同党は腐敗しており、都市では猛烈なインフレが生じて民衆はなおも塗炭の苦しみを舐めることになる。

段小楼《ドワン・シアオロウ》・程蝶衣《チョン・ディエイー》は強制されて国民党軍の前で演じさせられるが、将兵の余りに無礼な態度に段《ドワン》が怒りを爆発させて彼らと乱闘するに到り、その混乱の中で菊仙《ジューシエン》は流産してしまう。程《チョン》も対日協力の〝漢奸《かんかん》〟（売国奴）として逮捕される。

段《ドワン》は程《チョン》を救うため、京劇界の庇護者をもって自任する袁世卿（ユアン・シーチン）に対し頭を下げて哀訴する。程《チョン》がかつて段《ドワン》と不仲になった時期、袁《ユアン》が程《チョン》のパトロンとなっていたのだ。細かい演技作法をめぐる名優と京劇おたくの袁《ユアン》との間の遣り取りも見どころである。

## （五）人民共和国建国（一九四九）

日本敗戦後まもなく始まった国共内戦の当初は国民党が優勢であったが、同党は経済政策の失敗による大インフレを引き起こして、民族資本家から小規模な商工業者に至るまで広範な都市民の支持を失った。いっぽう農村では、人口の一〇パーセント未満の地主と富農が全耕地の七〇〜八〇パーセントを所有していたが、毛沢東（マオ・ゾートン、もうたくとう、一八九三〜一九七六）が率いる共産党は、地主の土地を無償没収してこれを農民に分与する土地革命を断行し、広範な農民層の支持を得ていた。

一九四七年七月、共産党八路軍あらため人民解放軍は反攻に転じ、東北地方から西南に向かって進撃を始め、四九年一〇月一日に中華人民共和国の成立を宣言した。国民党政権は広州・重慶・成都を転々としたのち一二月に台北へ逃亡している。

賭博やアヘンに溺れていた段小楼《ドワン・シアオロウ》と程蝶衣《チョン・ディエイー》は、北京に入城して来た解放軍の清廉さに感動するいっぽう、共産党が文学・芸術を党の宣伝手段と位置づけていることに反発する。

## （六）文化大革命（一九六六〜一九七六）

共産党はソ連の一九三〇年代スターリン・モデルにならい、重工業の優先的発展を計画、その資金は農民からの搾取によって賄おうとした。一九五三年第一次五カ年計画開始に伴い、農産物と工業製品の不等価交換による義務的買い付け方式を実施し、さらには買い付けを確実なものとするため農業の急速な「社会主義的集団化」を断行する。一度所有した土地を再び奪われた農民の生産意欲が大きく後退すると、毛沢東は五八年に大躍進政策を提唱、五九〜六一年の大躍進時期には、全国に二万四〇〇〇の人民公社（平均五〇〇〇戸）が組織され農業集団化が完成されるいっぽうで、中国全土で一五〇〇万〜四〇〇〇万の餓死者が出たと推計され、犠牲者のほとんどが農民であったという。

〝大躍進〟が無惨な失敗に終わると、新たに国家主席となった劉少奇（リウ・シャオチー、りゅうしょうき、一八九八〜一九六九）は、六一年より多少自由な経済活動を認める調整政策へと方向転換したので、中国社会は小康状態を取り戻した。ところが毛はこれに反対し、六六年に「資本主義の道を歩む党内実権派」打倒を掲げる文化大革命を発動する。劉を頂点とする実権派に対して、隠居状態に置かれていた毛が奪権闘争に乗り出したのだ。

文革発動に際し、毛は林彪（国防相）＝解放軍を後ろ盾として実権派を牽制するいっぽう、神格化された自らの権威を存分に利用して、中学・高校・大学の青少年を扇動、紅衛兵運動を組織させ社会的混乱を引き起こして実権派の統治機能を麻痺させるという戦略をとった。そのため一部では内戦状態が勃発するなど、文革中には「死者一〇〇〇万人、被害者一億人」に達したといわれている（天児慧ほか編『岩波現代中国事典』岩波書店、一九九九年）。

文革勃発後には京劇は王侯貴族らの支配階級を賛美する〝毒草〟として批判され、段小楼《ドワン・シアオロウ》・菊仙《ジューシエン》夫妻と程蝶衣《チョン・ディエイー》は弟子の小四（シアオスー）にも告発されて、紅衛兵による〝批闘〟（批判闘争）という名のつるし上げを受ける。三人は最初は互いにかばい合っていたが、極限状態に追い詰められて有らぬ事を口走ってしまい、一気に悲劇へと到るのであった。

## （七）改革開放前夜の京劇復活

文革は一九七六年一〇月に終息したものの、共産党が正式に文革を否定するのは、鄧小平体制が固まったのちの八〇年一二月のことであった。それでも農村では人民公社解体から生産請負制への変革が始まり、都市でも七八年頃から欧米・日本の資本と技術を導入する改革・開放経済体制が開始している。

京劇も復活し、段小楼《ドワン・シアオロウ》と程蝶衣《チョン・ディエイー》は一一年ぶりに『覇王別姫』を共演すべく、稽古舞台に立つ。昔と同様、敵軍に包囲され絶体絶命の危機に陥った覇王の項羽（前二三二～前二〇二）に対し別れを告げる虞姫を演じていた程《チョン》は、段《ドワン》の腰の宝刀を抜く。それはかつて程《チョン》が段《ドワン》に贈った真剣であり……

## （八）香港作家による原作小説

ところで『さらば、わが愛』は香港作家の李碧華（レイ・ピッワー、北京語リー・ビーホワ、りへきか、生年不詳）の小説『覇王別姫』（香港・天地図書、一九九二年五月初版）を映画化したもので、私の蔵書は一九九四年四月八版である。彼女の小説は映画と比べて、文革期の破局をさらに丁寧に描いている。なお田中昌太郎による英語版からの重訳に『さらば、わが愛』（早川書房、一九九三年）がある。

また原作では段《ドワン》と程《チョン》はあくまでも義兄弟関係にあり同性愛関係にはない。段《ドワン》はその後香港に脱出、文革終了後に香港へ京劇公演にやってくる老いた程《チョン》と再会すると、文革後に名誉回復した程《チョン》は、共産党幹部の勧めで茶葉会社で働く女性と結婚してもいる。そして段《ドワン》に昔の北京式の銭湯に案内された程《チョン》は、湯に浸かり京劇のひと節を歌おうと言うのだ。小説と映画の相異について詳しくは拙著『中国映画　百年を描く、百年を読む』（岩波書店、二〇〇二年）をご参照いただきたい。

張愛玲（チャン・アイリン、ちょうあいれい、Eileen Chang, 1920-95）は魯迅と並ぶ近代中国の大作家であり、「外国人が京劇およびその他を観ると」という名エッセーでは、京劇の効用を次のように指摘している。

代々伝わるお芝居は、私たちに感情の公式をたくさん教えてくれる。実生活中の複雑な思いを公式に当てはめると、枝葉末節は落とさざるを得ないにしても、それなりに満足できる結論が導き出されてくるもの。感情は単純化されると、以前にも増して強く確かなものとなり、数千年分もの経験が加わる。……京劇の世界は目の前の中国でもなく、古き中国の過ぎ去りしいかなる段階にも当たらない。その美しさ、そのこじんまりときれいにまとまった道徳の体系は、すべて現実から遠く離れてはいるものの、決してロマンティックな逃避ではない。

中華民国の動乱期には、程《チョン》・段《ドワン》・菊仙《ジューシエン》の三人は愛憎こもごもの関係にありながらも師匠の遺言を守り、ともかくも助け合って京劇の灯を守ったが、権力闘争の文革は彼らの芸術も人生も容赦なく破壊してしまう、というのが原作小説のテーマなのである。

これに対し映画版は、文革後の『覇王別姫』再演時に程《チョン》が劇中の虞姫さながら真剣を抜くというドラマチックな終幕を設けた。陳凱歌（チェン・カイコー、ちんがいか、一九五二〜）監督が同性愛のテーマを付加したのは、張国栄（レスリー・チャン）の美貌を考慮したためであろうか。今や文革も同性愛もタブー視されている中国で、『さらば、わが愛／覇王別姫４Ｋ』が上演されるとしたら、映画ファンたちはこれをどのように鑑賞することであろうか。

〔二〇二三年七月〕

DATA

『さらば、わが愛／覇王別姫』 原題／覇王別姫 監督／陳凱歌（チェン・カイコー） 出演／張国栄（レスリー・チャン）、張豊毅（チャン・フォンイー）、鞏俐（コン・リー） 製作／一九九三年 ４K版二〇二三年

# 中国　銀幕に紡ぐ「記憶」

『1978年、冬。』『天安門、恋人たち』『長江哀歌』『いま ここにある風景』

一九七九年、最初の政府間交換留学生として中国に渡ったとき、私の目に映じたのは文化大革命（一九六六～七六）の痛ましい傷跡だった。北京でも上海でも食堂は朝昼夜各一時間の営業のみ、瓶不足のためビールを買うには先ず空き瓶を手に入れねばならず、満員バスでは毎度のように喧嘩が起きていた。魯迅（ルーシュン、ろじん、一八八一～一九三六）は、辛亥革命（一九一一）後の絶望を描いた短篇小説「孤独者」（一九二五）で、主人公に「冬の公園には誰も行かない」と語らせたが、七〇年代末の中国はまさに冬の廃園であった。

李継賢（リー・ジーシエン、りけいけん、一九六二～）監督『1978年、冬。』は、そんな時代の中国を描いている。山西省の荒涼とした町、西幹道《シーガンダオ》に住む一八歳の兄、四平（スーピン）は作業をさぼって工場の廃屋に隠れ、自家製ラジオでソ連の音楽を聞き続ける。一一歳の弟、方頭（ファントウ）は家でも小学校でも押し黙ったまま、反故紙に画を描き続ける。その二人の前に北京からやってきたのが「右派分子」という政治犯の父を持つ美しい少女工員、雪雁（シュエイエン）だった……

西幹道では工場外壁に「独立自主／自力更生」とスローガンが大書され、壊れかけた野外スピーカーが大音量で革命歌を流し、四平《スーピン》と雪雁《シュエイエン》の逢い引き現場を襲う民兵たちは二人を反革命と罵倒するなど、政治言語が溢れている。だが方頭《ファントウ》の家では文革での粛清に懲りたのか軍医の父は寡黙で、貧農出身の肝っ玉母さんは怒鳴って殴るのが躾だと思っている。恋人同士も愛の言葉を知らぬまま、不器用に肉体で慰め合うのだ。

鄧小平（ドン・シアオピン、とうしょうへい、一九〇四～九七）の改革・開放経済体制が確立したのは一九八〇年のこと、今では冬の廃園はギラギラと暑い夏の黄金郷へと変じた。こんな現代中国史の天安門事件（一九八九）以後の急展開は、婁燁（ロウ・イエ、ろうよう、一九六五～）監督の『天安門、恋人たち』が見事に描いている。事件直後の中国では村上春樹の『ノルウェイの森』が第一次ブームを迎えたが、この小説の主人公ワタナベ君のように、『天安門――』の恋人たちは政治言語に愛の言葉で抗いながら、高度経済成長社会を余計者として生きていくのだ。

さて黄金郷の中国は、母なる川の長江を征服しようと巨大ダムを建設し、二五〇〇年前の春秋時代から続く四川省の古い港町奉節《フォンジエ》も出稼ぎ農民労働者を動員して解体した。この沈む街を舞台として、中国社会の光と影を描き出したのが賈樟柯（ジャ・ジャンクー、かしょうか、一九七〇～）監督の『長江哀歌』

である。そして瓦礫の山と化した奉節を、延々と続く超大型体育館のような工場群と対比させ、今や「世界の工場」となった中国を描いたのがジェニファー・バイチウォル監督のドキュメンタリー『いまここにある風景』である。

現代中国をめぐる最近四作の映画は、文革直後の冬の廃園から暖かな家郷へ、という夢で始まった鄧小平時代が、天安門事件で暗転し廃墟の上に黄金郷を作り出す結果となったことを、激変する風景により私たちに語りかけている。そして冬の廃園で幼少期を過ごした同世代の三監督が、過去を風景により記憶の内から喚起し、現在を風景において記憶しようという意図を共有しているようすも興味深い。

思えば二〇〇八年五月の四川大地震は、現代中国黄金郷の景色も一瞬にして消失しうることを教えている。再び歴史の流れが変わる――そんな予感を抱きながら、中国の新世代映画人は文革以後現在に至る約三〇年の現代史、すなわち自らの幼年期以後の記憶を振り返り、自らの手で人民共和国の記憶を紡ぎだそうとしているのではあるまいか。

〔二〇〇八年六月〕

DATA

『1978年、冬。』原題／西幹道　監督／李継賢（リー・ジーシエン）　出演／沈佳妮（シェン・ジアニー）、李傑（リー・ジエ）、張登峰（チャン・トンファン）　製作／

二〇〇七年

『天安門、恋人たち』 原題／頤和園 監督／婁燁（ロウ・イエ） 出演／郝蕾（ハオ・レイ）、郭暁東（グオ・シャオドン）、胡伶（フー・リン） 製作／二〇〇六年

『長江哀歌』 原題／三峡好人 監督／賈樟柯（ジャ・ジャンクー） 出演／趙濤（チャオ・タオ）、韓三明（ハン・サンミン） 製作／二〇〇六年

『いま ここにある風景』 原題／Manufactured Landscapes 監督／ジェニファー・バイチウォル 出演／エドワード・バーティンスキー 製作／二〇〇六年

# 第二章　天安門事件から暗黒の不動産開発まで

# 中国の『ノルウェイの森』
## ——または天安門事件後の「余計者」の恋人たち

『天安門、恋人たち』

### （一）村上春樹と天安門事件

一九八九年、中国の出版社が村上春樹をほとんどポルノ小説として売り出したことがある。中国語版『ノルウェイの森』の表紙を着物姿のセミヌードで飾り、本文には「第六章　月夜裸女（月夜のヌード女性）」「第七章　同性恋之禍（レスビアンの不幸）」といった原作にはない怪しげな章題名を付したのだ。しかし刊行直前に勃発したある政治事件が、このようなポルノ・イメージを吹き飛ばし、中国の若者に『森』を喪失と転向の文学として受容させた。中国人の『森』の読書を一変させた事件とは、一九八九年夏の天安門事件である。

この年の二月、一〇年前の第一次民主化運動の際に投獄された魏京生（ウェイ・ジンション、ぎきょうせい、一九五〇〜）の釈放を求めて文学者や研究者、ジャーナリストら三三人が公開書簡を発表した。これが口火となって再び民主化要求の気運が高まる。四月に入って学生層の要求に比較的理解のあった胡耀邦（フー・ヤオバン、こようほう、一九一五〜八九）元総書記が急逝すると第二次民主化運動が湧き起こり、北京では広場を埋め尽くす一〇〇万人デモにまで発展した。

一九七〇年代末に鄧小平が改革・開放政策を断行して以来この時までに一〇年が経過しており、ポスト文革すなわち鄧小平（ドン・シアオピン、とうしょうへい、一九〇四〜九七）時代の子供たちともいうべき新興エリート知識階級は、民主化という自らの権利拡大要求を中国共産党に突きつけたのである。文革までの中国ではすべては毛沢東・共産党賛美のためという宣伝文学や映画のみが生産されていたが、八〇年代の新文化はこんな〝毛文体〟を解体し、新文化の中で育った若者は今や集団行動をとって政治的異議申し立てを行い、人民共和国のイデオロギーを否定し始めたのだ。この運動を共産党は独裁体制を揺るがすものと敵視し、六月四日人民解放軍戦車部隊を投入して市民・学生を虐殺した。天安門事件または「血の日曜日」事件、中国語では「六四（リウ・スー、ろくよん）」の悲劇である。

首都北京のエリート大学生や善良な市民による平和な民主化要求運動に対し、共産党政権が軍隊を動員して弾圧を行い、数百人とも一万人ともいわれる人々を虐殺した事件により、かつて日中戦争では日本の侵略と戦い、国共内戦では資本家や地主、そしてアメリカ帝国主義の利権を代表する国民党と戦って中国を統一したという共産党政権の正統性は地に落ちた。事件後、三年間の逃亡生活を送ったのちアメリカに亡命した作家の鄭義（ジョン・イー、ていぎ、一九四七〜）は、私に「事件は中共にとってまさに分岐点でした。事件を境に、中共は統治者としての合法性を喪失したのです」と語ったことがある（藤井「パリの中国エミグラント作家たち」『文学界』一九九三年一一月号）。

事件後の鄧小平は胡耀邦と並ぶリベラル派の趙紫陽（ジャオ・ズーヤン、ちょうしょう、一九一九〜二〇〇五）総書記を自宅軟禁、その後任に江沢民（ジアン・ゾーミン、こうたくみん、一九二六〜二〇二二）を据えるいっぽうで、一九九二年からは市場経済化を提唱して改革・開放に拍車をかけ、現在に至る高度経済成長路線を確定した。持続する経済成長に共産党は独裁の〝合法性〟を求めたといえよう。そして天安門事件はタブーとなった。

私事で恐縮だが、二〇〇七年夏に朝日選書で『村上春樹のなかの中国』を刊行したところ、台湾と中国の出版社が中国語版の版権を求めてきた。台湾繁体字版は順調で翌年には台北・時報出版から刊行されたが、村上受容と天安門事件との関係を論じた章の試訳を読んだ中国の出版社は恐ろしくなったのか、版権を辞退してきた。拙著に対する敏感な反応からも、中国では事件に関する表現がどれほど厳しく規制されているか、容易に想像できよう。これまで事件を学生や市民の視点から描いた小説も映画も皆無であり、婁燁（ロウ・イエ、ろうよう、一九六五〜）監督の映画『天安門、恋人たち』も上映禁止の処分を受けたのである。

## （二）恋の苦しみと政治の季節

さてこの映画は、事件二年前にヒロインの余虹（ユー・ホン）が中国と北朝鮮との国境の街図們《トゥーメン》の雑貨店で北清大学の入学許可の郵便を受け取る場面から始まる。父の店を手伝う彼女は図們出発前夜、ボーイフレンドで郵便配達夫の暁軍（シアオ・ジュン）と初めてのセックスを体験する。なお北清大学とは北京の西北郊外にある名門校北京大学と清華大学とをモデルとしているのだろう。

辺境の小さな街から上京した余虹《ユー・ホン》は、北京での新生活に対する感激と違和感を日記に綴る。中国の大学は全寮制で、四人部屋のルームメートはマザコンの冬冬（ドンドン）はじめ、入学早々に彼氏を作り自分のベッドで戯れる朱緯（ジュー・ウェイ）、これに立腹するまじめ学生かと思いきや、図書館蔵書の窃盗常習犯の宋萍（ソン・ピン）と多士済々である。もっとも当時の実際の学生寮は六人部屋が標準で、修士大学院で四人部屋、博士大学院で二人部屋だった。

余虹《ユー・ホン》は超然として屋外で一人タバコを吸い続け、そんな彼女に芸術家の李緹（リー・ティー）が好意を示し、恋人がベルリン留学から一時帰国した際に彼の親友でハンサムな秀才周偉（ジョウ・ウェイ）を紹介する。四人で会食しバーやディスコに行くうちに、余《ユー》と周《ジョウ》は恋をして、週末地元学生が帰宅した李緹《リー・ティー》の部屋で結ばれ、大学付近の名園頤和園《いわえん》の広大な湖にボートを浮かべるのだった。たしかに八〇年代後半の北京では、外国人駐在員や留学生を顧客とするバーが現れ、そこに中国の若い詩人や芸術家たちも出入りして芸術論を戦わし、詩を朗読したものである。

だが余虹《ユー・ホン》の激しい気性に周偉《ジョウ・ウェイ》は息苦しさを覚え、ほかの女学生と付き合うこともあり、余虹《ユー・ホン》もほかの男の誘いに応じるため、二人の関係は幾度か危機を迎える。やがて八九年の春が巡り来て、恋の苦しみに政治の季節が覆い被さり、若者は悩み叫び歌いながら、学生寮から天安門広場へと出陣していく。そのような狂乱の中で周偉《ジョウ・ウェイ》と李緹《リー・ティー》がセックスをしたところ、今回は密告されたのか大学警備員に捕らえられてしまう。恋人と親友とに裏切られた余虹《ユー・ホン》が精神的混乱の頂点に達した時、突如天安門事件が勃発、図們から駆けつけた暁軍《シアオ・ジュン》が彼女を救い出して故郷に連れ帰り、映画の前半部が終わる。

学生にとって（その数は現在の十分の一以下で超エリートであった）事件に先行する民主化運動とは青春を謳歌し苦悩する祝祭の場でもあったことを婁燁《ロウ・イエ》監督は巧みに描き出している。そしてそんな若者の祝祭が突然銃声により吹き飛ばされてしまう恐怖をも。

後半では大学を中退して長江中流部の大都市武漢で公務員となった余虹《ユー・ホン》と、李緹《リー・ティー》をベルリンの恋人の元に送り届けてそのまま居残った周偉《ジョウ・ウェイ》との、事件後十余年にわたる後日談が展開する。武漢の余虹《ユー・ホン》は既婚のホワイトカラーと不倫をして妊娠中絶し、さらに若いブルーカラーと愛し合い求婚されるが、どうしても周偉《ジョウ・ウェイ》のことを忘れられず、一人長江上流の大都市重慶へと移っていく。いっぽう周偉《ジョウ・ウェイ》もベルリンでフリーターとして暮らし、中産階級の妻となった李緹《リー・ティー》と不倫をするが、余虹《ユー・ホン》を思い続けて重慶へと帰って行く……

## （三）ポスト鄧小平時代のトラウマ

天安門事件は政治的タブーではあるが、たとえば事件直後の『森』読書体験を記憶する読者が、トラウマを暗示的に語り出すことがある。たとえば余虹《ユー・ホン》が奥地の重慶に去ってから一二年後の二〇〇二年、彼女と同世代のある上海女性は次のように回想するのだ。

私が二〇歳で初めて『ノルウェイの森』を読んだ時……それは八〇年代末九〇年代初めのことで、キャンパス全体は大森林のよう、世間と隔絶されまた騒然として不安だった……〔六〇年代日本は〕左翼運動や日米安保条約反対など多くの大事件が発生しており、乱暴に「激情未だ已まざる時代」と概括できよう。作者は小説の背景をこの時期に置いており、それは現在の日本社会の大人にとって見れば、影ながら青春時代へのノスタルジーを掻き立てられる……

この上海女性は二一世紀を迎えたのちに『森』を再読し、これが単純な青春小説ではなかったことに思い至り、『森』の中の三角関係を事件後の中国の高度経済成長に重ね合わせて分析する。

ワタナベは男性としての選択を行った——直子を死なせ、〔欲望の対象であって主体ではない〕緑を自らの渇望の中に置くという。こうして、六〇年代七〇年代を過ごしてきた日本人も、彼らの青年時代の困惑を終わらせあるいは抑圧して、アメリカ風の、欲望に駆られた物質的な目標を抱いて中年時代を迎えたのだ。これが私が『ノルウェイの森』を〔最近再び〕読んだときの、あの重い喪失感の真の原因であろう。

この書き手と同様に余虹《ユー・ホン》と周偉《ジョウ・ウェイ》も「重い喪失感」を抱いて、中国内外を漂泊し続けたのであろう。事件最大の当時者である鄧小平は一九九七年に死去して江沢民時代が始まり、二〇〇三年に胡錦濤が国家主席に就任したからには、それ以後は胡時代と呼ぶべきかもしれない。だが高度経済成長に背を向けるようにして、喪われた愛を追憶し、失うがために新たな恋を求める余周《ユージョウ》両人にとって、鄧小平時代のあとにはポスト鄧時代が続くばかりなのである。

余虹《ユー・ホン》が日記に書き留めた言葉に「欲望は軽んぜられ、行動は阻まれる」という一句がある。恋する自分に誠実であろうとして余虹《ユー・ホン》と周偉《ジョウ・ウェイ》は天安門事件後の中国、特にバブル経済の病状を示すポスト鄧時代からドロップアウトしたのだろう。交通事故後の病院で名前を聞かれた余虹《ユー・ホン》が、「余計の余」と答える時、私たちは周偉《ジョウ・ウェイ》の名も「周囲」と同音であることに気づかされる。高度経済成長の周縁には余計者の恋人たちが生きているのだ。

村上春樹の『森』は一九八七年にジェット機でドイツ・ハンブルク空港に着陸した「僕」が、一八年前の大学紛争時代に経験した三角関係を回想する物語である。婁燁《ロウ・イエ》監督は事件後十余年に余虹《ユー・ホン》が体験する多くの三角関係を描いており、ヒロイン余虹《ユー・ホン》とは『森』の直子と緑とを一身に兼ねたような女性といえそうだ。『天安門、恋人たち』とはまさに中国ポスト鄧小平時代の『ノルウェイの森』なのである。

〔二〇〇八年七月〕

DATA

『天安門、恋人たち』原題／頤和園　監督／婁燁（ロウ・イエ）　出演／郝蕾（ハオ・レイ）、郭暁東（グオ・シャオドン）、胡伶（フー・リン）　製作／二〇〇六年

# 「雨は雲となり風に漂う」――四角関係殺人事件と中国不動産開発の腐敗をフラッシュバックで描く

## 『シャドウプレイ』

### （一）〝中国の夢〟と〝一場の夢〟

婁燁（ロウ・イエ、ろうよう、一九六五～）監督は二〇二二年一二月のインタビューに答えて、本当は映画のエンディング曲「一場遊戯一場夢（一場のゲーム、一場の夢）」をタイトルにしたかったのだが、国家電影局からそのタイトルはよくないと言われて、別の「風中有朶雨做的雲（雨は雲となり風に漂う）」という曲名をタイトルとした、と述べている（『シャドウプレイ』パンフレット、アップリンク、二〇二三年、二六頁）。なぜ〝一場遊戯一場夢〟はタブー視されたのだろうか。

コロナ禍前の中国では、映画館での映画上映開始前に、ジャッキー・チェンなどの俳優がスクリーンに登場して〝中国夢（ちゅうごくのゆめ）〟我的夢（わたしのゆめ）〟と異口同音に語っていた。〝中国夢〟とは、習近平総書記が二〇一二年一一月に打ち出した「中華民族の偉大な復興の実現」という指導思想で、俳優たちは観客に対し愛国広報活動をしていたのである。

婁燁《ロウ・イエ》映画『シャドウプレイ』は、巨大な不動産開発利権に群がった人々の夢が殺人事件により弾ける過程を描いており、このような作品を〝一場遊戯一場夢〟と称すると、〝中国夢〟に対する諷刺と理解されることを電影局は心配したのであろう。

同作は「二〇一七年春に完成し（中略）北京市の映画関係部署の審査に入ったが、その後約二年間、当局から繰り返し修正を迫られ」、中国で公開されたのは二〇一九年四月のこと、「三日間で約六・五億円の興行収入を記録し、大ヒットとなった」という（『シャドウプレイ』パンフレット、三頁）。公開から二年後には不動産大手の中国恒大集団の経営危機問題が表面化しており、あたかも『シャドウプレイ』はこの事件を予言していたかのようでもある。

## （二）男女四角関係と二つの殺人事件

本作の中国語原題『風中有朶雨做的雲』は、「雨は雲となり風に漂う」という意味である。これは恋人の帰りを待つ者の切ない心情を歌う流行歌の題名でもあり、また〝雲雨〟は中国の古典では王と女神との情交を意味する言葉である。権勢・財力を我がものとし、美貌を武器とする男女二組の四角関係から生じた二つの殺人事件の物語にふさわしい題名といえよう。

二人の男とは都市再開発委員会の主任として権勢を振るう唐奕傑（タン・イージエ）と、彼に贈賄して不動産王にのし上がった姜紫成（ジアン・ズーチョン）であり、二人の女とは唐《タン》の妻であり姜《ジアン》の元恋人にして現在も愛人であり続ける一流レストランの経営者の林慧（リン・フイ）と、姜《ジアン》の台湾人共同経営者の連阿雲（リエン・アーユン）である。

阿雲《アーユン》は台北のナイトクラブの歌姫であったが、台湾で実業家の第一歩を踏み出したばかりの姜《ジアン》に口説き落とされて彼の愛人となるいっぽうで、その美貌により姜《ジアン》の中国大陸での事業急拡大に大いに貢献していた。彼女は姜《ジアン》に対する当初の純情な献身ぶりで、台湾娘こそが伝統中国の美徳を受け継いでいる、という中国に流布する台湾イメージを連想させる。それと共に一九九〇年代に〝移民上海〟と称された台湾から中国への大量の人と資本の流入をも想起させる――少なからぬ〝移民上海〟も〝一場の夢〟で終わったのだが。

物語の現在より二四年前の一九八九年には、姜《ジアン》と林《リン》とがヤンキーの恋人同士であったのだが、林《リン》は唐《タン》に口説かれて彼と結婚、その時には姜《ジアン》の子供を妊娠しており、唐《タン》の娘の小諾（シアオヌオ）の実父は姜《ジアン》なのである。小諾《シアオヌオ》の欧米旅行や香港留学の費用は姜《ジアン》が提供してきた。いっぽう、唐《タン》はひとり娘の小諾《シアオヌオ》の良き父であろうとするものの、妻の林《リン》に対しては嫉妬のあまり凄惨な家庭内暴力を振るっていた。

なお一九八九年六月には天安門事件が勃発しており、婁燁《ロウ・イエ》は『天安門、恋人たち』（二〇〇六）で事件後の高度経済成長の時代に背を向けて、余計者として生きる恋人たちを描いている。

## （三）一人っ子世代の学生小諾《シアオヌオ》と小楊《シアオヤン》刑事

このように権力と金、愛と性とにより結ばれていた四角関係は、まず二〇〇六年に阿雲《アーユン》が失踪し、その七年後の現在、唐《タン》が解体寸前のビルの屋上より墜落死して壊れていく。唐《タン》の殺人事件を担当する若い刑事の楊家棟（ヤン・ジアドン）の父も刑事で阿雲《アーユン》失踪事件を担当していたが、殺人の証拠を見つけた後に不審な交通事故に遭ってしまった。二つの事件の関連性に気付いて四角関係の残りの二人の身辺捜査を始める楊《ヤン》を、姜《ジアン》に媚びる上司で楊《ヤン》の父の元相棒であった刑事が妨害するいっぽうで、姜《ジアン》と林《リン》は彼を楊《ヤン》さんの息子という意味で小楊《シアオヤン》と親しげに呼んで籠絡せんとする。

林《リン》の証言を得ようとした楊《ヤン》は、逆に林《リン》に誘惑されて性交に及び、その現場を撮影したビデオがネットに流されてしまう。さらに内密で接触した唐《タン》の部下が殺害されて、楊《ヤン》が殺人容疑者として指名手配される。その危機に際し偽造パスポートと逃亡資金を用意して、楊《ヤン》を香港に逃すのはなんと林《リン》であった……。

唐《タン》・林《リン》夫妻の娘の名前小諾《シアオヌオ》とは誠実を意味するが、彼女は一〇歳で実の父が姜《ジアン》であることに気付いており、阿雲《アーユン》を叔母さんとして慕い、阿雲《アーユン》も小諾《シアオヌオ》を可愛がって「大きくなったら自分で自分を守るのよ」

と教えていた。小諾《シアオヌオ》は阿雲《アーユン》と義理の母子関係を結んでいたともいえよう。つまり小諾《シアオヌオ》には唐《タン》・林《リン》夫妻と姜《ジアン》・阿雲《アーユン》カップルという二組の父母役がおり、それは一人っ子政策時代の中国で、子供一人を親二人、祖父母四人が溺愛するという構図に類似してもいる。

しかし小諾《シアオヌオ》の場合、実父の姜《ジアン》の利権のために実母の林《リン》が肉体を男たちに提供させられ、義父の唐《タン》のDVを受け、さらに〝義理の母〟阿雲《アーユン》が姜《ジアン》により消されたことを知るにつけ、二人の父たちに対する憎しみは深まる。この屈折した情念を、彼女はネットに書き込むのであった。

小諾《シアオヌオ》の個人情報を閲覧する楊《ヤン》刑事も一人っ子であり、廃人となった父の仇を討つのは彼しかおらず、香港への逃亡後も捜査を続ける。しかしその過程で、彼は香港の大学に戻って来た小諾《シアオヌオ》と性的関係を結んでしまう。母娘《おやこ》双方との肉体関係という乱倫ぶりは、〝正義の味方〟風のヒーロー像を傷付けるものであり、司法の正義にも疑惑が生じるであろう。

### (四)フラッシュバックが描き出す都市再開発の腐敗

『シャドウプレイ』は四角関係+二人の一人っ子という緻密な構成の物語なのだが、婁燁《ロウ・イエ》監督はフラッシュバックの手法で時間と空間をザクザクッと攪拌する。二〇一三年の都市暴動から一九八九年の大学生だった林《リン》の誕生日祝賀ディスコパーティーとの間に、一九九〇年代の唐《タン》によるDVや二〇〇六年の阿雲《アーユン》失踪場面が投入される。こうして、天安門事件以後二四年間の広州市の巨大な変貌ぶりが描かれるのだ。

広州は北京・上海・深圳と並ぶ中国の四大都市であり、二〇二一年の総面積は七四三四平方キロ、人口は一八八七万人である（東京都は二二〇〇平方キロ、一四〇〇万人）。東京の三倍以上の市域には広大な農村地帯を抱えていたが、そこに一九七八年頃から始まる改革・開放経済体制により大量の農民工が流入して、粗悪な建物が密集乱立し、この〝城中村（都会の中の村）〟の再開発が都市行政の重要な課題となった。

土地公有制の中国では市政府による強制収容が行われるが、より多くの立ち退き料を望む住民と不動産会社や警察との間でしばしば暴行事件が発生し、死者が出ることがある。また官僚と不動産会社との癒着も指摘されている。

先ほど楊《ヤン》刑事の正義にも疑惑が生じると述べたが、「汚職を摘発する反腐敗闘争も本質は権力闘争です（中略）ＩＴ大手のアリババ集団などへの締め付けや、不動産大手の中国恒大集団の経営危機問題も権力闘争に関係しているはずです。中国の民営大企業は、必ずどこかの政治勢力と結びついています」と指摘するのは現代中国政治学者の國分良成氏である（『読売新聞』二〇二一年一〇月三一日「中国　何を望み、何を恐れる」）。

原題「雨は雲となり風に漂う」とは、風に漂う雲が雨となる、という自然界の法則を逆転した論理である。『シャドウプレイ』は四角関係殺人事件をフラッシュバックで攪拌することにより、都市再開発をめぐる官商癒着の巨大な腐敗という改革・開放の影の部分を浮き彫りにしてもいる。共産党一党制下の高度経済成長および一人っ子政策という中国独自の状況を、中産階級から富豪へとのし上がろうとする親世代と〝富二代〟と呼ばれる富豪二世の身心の腐蝕と、信頼しかねる刑事二世の道徳的退廃の過程とを切り結ぶ視点からジグザグに解き明かした傑作といえよう。あるいは楊《ヤン》刑事の退廃とは、警察の「どこかの政治勢力」への迎合を示唆するものなのであろうか。

〔二〇二三年四月〕

DATA

『シャドウプレイ』 原題／風中有朶雨做的雲 監督／婁燁（ロウ・イエ） 出演／井柏然（ジン・ボーラン）、宋佳（ソン・ジア）、秦昊（チン・ハオ） 製作／二〇一九年

# 大都武漢の〝城中村〟を舞台とする裏切りと情愛の物語

## ――中国の〝黒色電影《フィルム・ノワール》〟『鵞鳥湖の夜』を読む

『鵞鳥湖（がちょうこ）の夜』

二〇一二年七月の大雨の夜の一一時、人影消えた高架駅の下、頬に生傷のある工員服の男が立っている。彼に向かってためらいがちに近付き、火を貸してと頼むビニール傘の細身の女は、坊主に近いバズカットで赤い長袖Tシャツ姿。男が金属製ライターを灯すと、女は武漢方言で、おたくのおかみさんは来れなくなった、あたしが替わりをしてあげようかと囁く……現代中国の〝黒色電影《フィルム・ノワール》〟はこうして幕を切る。それにしても、この暗闇の駅が果たして中国大陸中心部に位置するあの大都武漢なのか？

中国第一の大河長江に北西から漢江が合流する三叉には古来政治の都武昌、商都漢口、産業都市漢陽が栄え、この武漢三鎮は一九四九年中華人民共和国建国時に合併、現在では人口一一〇〇万、面積八六〇〇平方キロ（東京は一四〇〇万人、二二〇〇平方キロ）の中国中部最大の都市として繁栄している。ちなみに二〇二〇年一月新型肺炎流行による武漢封鎖時の惨状は忘れ難い。

『鵞鳥湖の夜』の舞台は、〝城中村〟（〝城〟は中国語で都市の意味）と称される都市周縁部の旧農村、すなわち都市化途上地域であり、行政の網から洩れたこの半無法地帯では八〇年代建築と思しい老朽化した町工場や荒廃したアパートが並び、黒社会が暗躍する。駅で妻を待っていた周沢農（ジョウ・ゾーノン、周縁の水郷農民の意味にも取れる）はやくざ小集団のボスだが、昨夜、他の集団とオートバイ窃盗でもめて弟分が殺され、その復讐をせんとして誤って捜査中の警官を殺害し、指名手配を受けてしまったのだ。

妻の代わりに彼に会いに来た女劉愛愛（リウ・アイアイ）は鵞鳥湖に水遊びに来る男たちを相手にする〝陪泳女《ビーチホステス》〟こと水上売春婦である。武漢は水域面積が全市の四分の一を占め、市内周辺部には大きな湖が幾つも点在しているのだ。彼女は周《ジョウ》の友人の華華（ホア）の差配を受けているのだが、この華華《ホア》が周《ジョウ》を裏切らないという保証はない。

周《ジョウ》の妻の楊淑俊（ヤン・シュージュン）は彼女と幼い息子を置いてきぼりにして五年も姿を消している夫に愛想をつかし、中古家具修理工場で働いているが、名前にふさわしく貞淑で俊《すぐ》れており、警察に協力するふりをしながら夫にひと目会おうとするが、肝心の時に持病のてんかん発作が起きてしまう。

周《ジョウ》の首には三〇万元の懸賞金が掛けられており、彼は妻に通報させてこの金を受け取らせようと企んでいるのだが、警察の包囲網が狭まるいっぽう、元は一味だったほかのやくざ集団たちも懸賞金欲しさと口封じのため周《ジョウ》を追跡している。こうして逃亡犯周沢農《ジョウ・ゾーノン》をめぐり、鵞鳥湖の夜陰で三者入り乱れての闘いが続くが……

雨と湖、謎の女、真夜中の旧農村の悪路を疾走するバイク、フラッシュバックによる周《ジョウ》と愛愛《アイアイ》との回想シーン、そして老朽大型アパートの迷路の中での拳銃とナイフ、さらには素手による死闘など、『鵞鳥湖の夜』には〝黒色電影《フィルム・ノワール》〟要素が鏤《ちりば》められている。

そのいっぽうで本作は中国の底層社会をリアルに描いてもいる。時代を二〇一二年七月に設定しているが、当時の武漢で実際に大規模な窃盗集団が検挙されたことを、監督は踏まえているのだろう。そして武漢では二〇一四年に大気汚染対策のためバイク禁止令が施行されており、今や市内を走るのは静かだが高速度は出せない電動スクーターであり、バイクが爆音を立てて疾走する光景はもはや幻となったのである。

武漢と言えば北京や上海と同様に、まずは超高層ビルが林立し、高速道路と地下鉄網が張り巡らされた光耀く都市風景が想像される。しかしこのポストモダン大都市の繁栄を下支えしている3Ｋ産業の出稼ぎ労働者たちの多くは、暗黒の〝城中村〟に暮らしているのだ。

周《ジョウ》が率いるやくざ小集団に加わる妻楊《ヤン》の弟が義兄のために命を落とすなどのエピソードは、伝統的な仁侠の道を彷彿させる。自分の首に掛かった懸賞金で、妻子に対しせめてもの償いをしたい、という周《ジョウ》の自己犠牲も切ない。果たして彼はこの思いを遂げられるのか、〝陪泳女《ビーチホステス》〟の愛愛《アイアイ》まで彼を裏切ることはないのか——このサスペンスから日本一九六〇年代の東映仁侠映画を連想する人もいることだろう。

それはともかく、賈樟柯（ジャ・ジャンクー、かしょうか、一九七〇〜）監督『帰れない二人』（原題『江湖児女』)』、胡波（フー・ボー、こは、一九八八〜二〇一七）監督『象は静かに座っている（原題『大象席地而坐』）』など、この二、三年、中国では黒社会を通じて底層社会を描く名作が次々と製作されている点も興味深い。

〔二〇二〇年九月〕

DATA

『鵞鳥湖（がちょうこ）の夜』原題／南方車站的聚会　監督／刁亦男（ディアオ・イーナン）出演／胡歌（フー・ゴー）、廖凡（リアオ・ファン）、桂綸鎂（グイ・ルンメイ）製作／二〇一九年

# 第三章　賈樟柯（ジャ・ジャンクー）

# 斜陽の炭都大同の青春——賈樟柯『青の稲妻』

『青の稲妻』

『一瞬の夢』、『プラットホーム』と山西省中部の小県、汾陽《フェンヤン》を舞台に映画を撮り続けていた賈樟柯（ジャ・ジャンクー、かしょうか、一九七〇〜）監督が、同省北部の大都市、大同《ダートン》に舞台を移した。首都北京を擁する河北省の西隣にある山西省は、面積は一五・六万平方キロ（日本の約四割）、全省が平均標高一〇〇〇メートルの山西高原に覆われている。中央を南北に走る晋中盆地が主要な農業地帯で、省都の太原とその南西一〇〇キロにある汾陽は大盆地のほぼ中央に位置する。

これに対して大同市は山西省北端の標高一〇〇〇メートル以上の台地に位置し、内モンゴル自治区に接している。従来は北京・包頭間を走る京包線で北京・大同間三六五キロは約四時間で結ばれていたが、一九九二年日本のODA援助で完成した大秦線《だいしんせん》は、大同と河北省東端の渤海湾に面する秦皇島《しんのうとう》とを直結しており、中国有数の炭田である大同炭田の石炭を直接、貿易港へと運べるようになった。

大同は古来、北方遊牧民族に対する防衛拠点で、秦代に平城県が置かれ、南北朝時代の四世紀末に鮮卑族が北魏を立て大同に首都を置いた。華北を統一して繁栄を誇った北魏は仏教を奨励したため、大同の西約一五キロに雲崗《うんこう》の大石窟群が築かれ、これは中国三大石窟の一つと称されている。このため日本では大同といえば雲崗石窟が連想されるのだが、同市最大の産業は観光ではなく、特に大秦線まで建設して輸出にも力を入れている石炭なのだ。ところが二〇世紀末に至ると、石炭企業は膨大な赤字に苦しんでいるという。

新エネルギー・産業技術総合開発機構（NEDO）のレポート「海外情報一九九九年一二月」の「II. 資源開発の現状と見通し」石炭の章は、第九次五カ年計画では山西、陝西、内蒙古の石炭開発の加速を強調して一九九五年には一三億六〇〇〇万トンを記録し、主な国有炭鉱は九七年第1四半期には二億一〇〇〇万ドル（元の誤りか？）の黒字だったにもかかわらず、供給過剰により翌年同期には合計一五億三〇〇〇万元の赤字に陥った、と指摘している（www.nedo.go.jp/kankobutsu/foreigninfo/html9912/12089.html）。供給過剰は主に小規模炭坑の無謀にして無計画な生産によるものとのこと。『プラットホーム』にも妹の学費を稼ぐため炭鉱に雇われた寡黙な兄が、事故の際でも雀の涙程度の補償しか出ないという契約書にサインさせられる場面や、汾陽県の文化工作団から独立した主人公たちが炭坑巡業で鉱山主に騙される場面などがあった。

NEDOレポートは、一九九九年末までに小炭坑二万五八〇〇の閉鎖と約二億五〇〇〇万トン減産を計画しているが、約百万人の失業者が難題であるとも報じている。石炭産業の衰退は、国有企業一般の倒産と相まって石炭の都大同に不況をもたらしているのだ。外国人はややもすれば北京・上海・深圳・広州など沿海部諸都市が謳歌する高度経済成長に目を奪われがちだが、内陸部の鉱工業都市はおしなべて倒産による高い失業率に苦しんでいる。中国の専門家でさえも「一時帰休労働者と八〇〇〇万から一億人余りの失業状態の農村住民を足せば、実際には八・五パーセントになる」と試算しているのだ（『読売新聞』二〇〇二年五月二二日）。

賈樟柯《ジャ・ジャンクー》監督はこんな大同の街を舞台とする青春物語を、寂れた鉄道駅の待合室から始めている。昼間からぼんやりタバコを吹かしビリヤードで遊ぶ若者の群に混じっていた小済（シアオチー）と斌斌（ビンビン）に、チンピラの小武（シアオウー）が白酒（バイジウ、四〇度から六〇度の蒸留酒）ブランド「モンゴル王」のキャンペーンを教えてやる。小武《シアオウー》は礼を寄こせと金をせびるが、一九歳の二人は失業中で一文無しだと答える。小済《シアオチー》は白酒キャンペーン会場で踊るダンサー巧巧（チアオチアオ）に一目惚れして追っかけとなり、ディスコで一緒に踊る仲までになるが、彼女は担任教師との恋愛のため高校を中退しており、しかも相手の教師も今ではピストルを隠し持つ黒社会の組長で、手下に命じて小済《シアオチー》を痛い目に遭わせる。いっぽう斌斌《ビンビン》は高三の受験生と不器用なデートを重ねているが、やがて彼女は北京の国際貿易大学に合格して去っていく。そこで解放軍に入隊すれば自分も北京に行けると思うのだが、逆に健診で肝炎だと宣告されてしまう。

その間にもテレビは河北省の省都、石家荘で一〇八人の死者を出した国有企業社宅の連続爆破事件や、中米両軍機が接触し中国軍パイロット王偉（ワン・ウェイ）が行方不明、米軍乗員二四名が捕虜になるという海南島事件、二〇〇八年北京オリンピック開催決定など、二〇〇一年に現実に生じた大事件を報道し続ける。そして小済《シアオチー》と斌斌《ビンビン》の二人も世の中をひと騒がせしようと、銀行強盗を計画するのだった……

どん底の不況とはいえ、アルバイト程度の仕事ならある。だが小済《シアオチー》たちは文革後の七〇年代末から始まった一人っ子政策の申し子で、しかも改革開放、高度経済成長の果実をたっぷり与えられて育った世代である。かつては大家族制度の拡大版として、職場〝単位〟制度が揺りかごから墓場まで面倒を見るいっぽう、避妊用具供給から不倫監視までしていたものだが、国有企業の倒産と共に単位は機能を失い、斌斌《ビンビン》の社宅では住民委員会（警察下部組織の町内会）が違法マッサージ嬢に仕事部屋を貸す始末。そして母親は二〇年働いた国有紡績工場を四万元の退職金でレイオフされ、中国で非合法化されている法輪功に入信するが、工場社宅の斌斌《ビンビン》の家には父は不在、また小さなバイク修理店を開いている小済《シアオチー》の父は独身である。厳しく統制するがとことん面倒を見てくれた共産党の都市支配制度が崩壊すると、父子家庭・母子家庭の一人っ子たちの孤独な暴走が始まるのだ。

警察署で銀行強盗は銃殺刑だと脅され、何か歌でも唱えと命じられた斌斌《ビンビン》は、手錠姿で三年前の流行歌「流れ流れて」（原題「任逍遙」）を唱う。

悲しくたっていい／悔やんだっていい／天よ、無言のあんたが憎いだけ
苦しくたっていい／疲れ果ててもいい／風に吹かれて天地を気ままに流れていこう
英雄は家柄なんて気にしない／どんな時でも心意気……

一九二〇年代のこと、魯迅は処刑前の阿Qに「二〇年後にもう一度」生まれ変わって男一匹、と唱わせたが、物見高い観衆の狼のように恐ろしい眼にすくんでしまった阿Qはあとを続けられなかった。現代大同の若き阿Qは、そんな自意識さえもなく、精一杯「流れ流れて」を歌い終わるのだった。

〔二〇〇三年二月〕

DATA

『青の稲妻』原題／任逍遙　監督／賈樟柯（ジャ・ジャンクー）　出演／趙濤（チャオ・タオ）、趙維威（チャオ・ウェイウェイ）、呉瓊（ウー・チオン）　製作／二〇〇二年

# 北京ニューカマーたちの孤独な青春

『世界』

今日の中国を「勝ち組」「負け組」二分法で語るならば、大雑把に次のような構図が描けよう――勝ち組としての沿海部・大都市・外資系企業vs負け組としての内陸部・農村・国有企業。中国共産党はこの二〇年来、西部・内陸部を切り捨て、「新富人《ニューリッチ》」階級と呼ばれる新興利益集団と組んで東部・沿海部に内外の投資を集中してきた。こんな政策を「脱亜入欧」と称する中国人評論家もいる。こうして負け組の青年たちは勝ち組目指して、沿海部の大都市へと移民して行くのだ。

上海・深圳・広州と並ぶ勝ち組の都、北京では人口約一五〇〇万のうち、三〇〇万が民工と呼ばれる出稼ぎ労働者であるという。民工たちは男は建設労働者、女は食堂給仕や掃除婦など3K産業で働き、北京戸籍を持つ人々の数分の一の月収で耐えしのぐ。その結果、北京市民が喫茶店のコーヒー一杯に二〇元、真鍋など外資系珈琲館の藍山（ブルーマウンテン）に三〇元を払うのに対し、民工の昼食は五元の弁当、というひどく極端な貧富の差が生じているのだ（一元は二〇〇五年当時約一五円）。
さて賈樟柯（ジャ・ジャンクー）監督の新作『世界』は、北京南西郊外のテーマパークで働く民工たちの恋愛物語である。民工たちの職場であり生活の場であるこの「世界公園」を、中国のガイドブック『北京で遊ぼう』（『帯您逛北京』藍天出版社、二〇〇〇年第一版）は次のように紹介している。

面積四六・七ヘクタール。園内には五十数カ国一〇〇以上の著名な文化・自然景観を配し、アジア最大の大型ミニチュア景観公園となっている……一日にして世界を回れば、オーストラリアのシドニー橋、パリのエッフェル塔、アメリカ自由の女神、インドのタージ・マハール……その他、各地の民族舞踊、各国の名物料理を楽しめる。

世界公園のダンサー小桃（シアオタオ）は、内陸部の中都市である山西省太原市からやって来た。歳は二六、すでに劇場暮らしを幾年も続けてきた彼女は、後輩ダンサーから「お姉さん」と頼りにされながら、今日はインドの踊り子、明日は日本の着物、スチュワーデスと毎日衣装や制服を着替えて躍り続けて来た。彼女が出入りする巨大な楽屋では大勢の男女出稼ぎダンサーが恋し嫉妬し、はては団長の座を求めて北京人重役に色仕掛けを企む者まで現れる。
小桃《シアオタオ》の恋人泰生（タイション）は彼女のあとを追いかけ上京して三年、今では世界公園の警備隊長となった。同郷の後輩警備員に目を掛けて、まじめに働けば報われると教え諭し、後輩が楽屋で盗みを働くと平手打ちして叱るのだが、彼自身も怪しげな事務所を構える同郷の先輩に頼まれては、身分証明書を偽造し小遣い稼ぎをしている。

そんな職住一体の世界公園で働く二人は、頻繁に携帯電話でメッセージをやり取りし、人目を忍んではじゃれ合ううちに、ついに小桃《シアオタオ》は泰生《タイション》に迫られて初めて身体を許す。そのとき彼女がささやくのは、あなただけが頼りなの、わたしを棄てたら殺すわ、という言葉である。いっぽう泰生《タイション》は、誰も信用するな、頼れるのは自分自身だけなんだ、と答える。

そして泰生《タイション》は美人デザイナーの廖（リアオ）と不倫関係を結んでしまう。廖《リアオ》は江南の温州商人で有名な浙江省温州出身、同郷のお針子集団を率いてファッション工房を経営しているのだが、彼女の夫は七年前に密航してフランスに渡り、今はパリ一九区の中華街ベルビルに滞在中なのだ。ダンサー仲間の陽気な結婚披露宴の最中、小桃《シアオタオ》は泰生《タイション》が置き忘れた携帯電話で、フランスへ出国する廖《リアオ》から届いた別れのメールを読み、泰生《タイション》の不倫を知るのだった……

それにしても、夜間建設現場の事故で重態となった同郷の民工が泰生《タイション》に言い残す言葉が印象的だ。それは「〇〇〇に三五元、×××に一八元、小学校前の屋台のうどん屋に三元……」という借金の遺言なのである。泰生《タイション》の後輩警備員が盗みに走るのも月給二〇〇元という薄給のためだった。世界公園入場料六五元に象徴される勝ち組北京市民と、内陸部出身の貧しい民工たちとの間の巨大な格差には改めて驚かざるを得ない。

負け組は中国内陸部だけではない。かつて中国にとっては兄貴分の社会主義国だったロシアからも、出稼ぎダンサーたちがやってくる。その一人のアンナと小桃《シアオタオ》は親しくなるが、アンナは故国に残した幼子たちのためさらに稼ぎの良いホステスへと転落していく。小桃《シアオタオ》は場末の料理屋でささやかな送別の宴を設け、二人は言葉が通じないまま北京の地酒焼酎で五六度もある二鍋頭をしんみり呷る。貧しい私にはお礼のプレゼントが買えない、代わりに歌を歌うわ、と言ってアンナがロシア語で歌い出す場面も切ない。

それぞれ異郷からやってきた外地人たちは、訛りの強い北京語で会話し合うが、同郷人同士の間では山西や温州の方言に切り替わり、そこにロシア語が混入する……そんな混沌とした言語状況も、出稼ぎ人によって支えられている北京の現状を良く反映している。

賈樟柯《ジャ・ジャンクー》監督がこれまで自らの故郷、山西省汾陽《フェンヤン》という小県を舞台に、『一瞬の夢』（一九九八）、『プラットホーム』（二〇〇〇）と高度経済成長から取り残された地方都市の青春を描いてきたことは、私も拙著『中国映画　百年を描く、百年を読む』（岩波書店、二〇〇二年）で紹介した。それは家庭は崩壊し、企業は倒産し、青年たちは夢破れ挫折していく喪失の現代中国を描いた作品群であった。

『世界』ではこれら内陸都市の青年男女は北京まで這いずり出て、勝ち組参入の夢を見ようとしているのだが、北京は世界から流れ込む資金を元手に民工を低賃金で搾取して高度経済成長を謳歌、パリ、ニューヨーク、東京など世界の大都の安直な模倣に忙しい。そして世界公園もお手軽なコピー建築で溢れているが、若い出稼ぎ男女は孤独で、彼らの恋は重く悲しい。映画『世界』は大変貌を遂げつつある北京を舞台に、ニューカマーの青春を描いた大傑作といえよう。

それにしても、私は賈樟柯《ジャ・ジャンクー》作品を見るたびに、それが遠い北京や汾陽の物語であるにもかかわらず、私の分身たちを見ているかのような気分に襲われる。不思議なことだ。

〔二〇〇五年九月〕

DATA

『世界』 原題／世界 監督／賈樟柯（ジャ・ジャンクー） 出演／趙濤（チャオ・タオ）、成泰燊（チェン・タイシェン） 製作／二〇〇四年

# 映画『長江哀歌』に見る現代中国

『長江哀歌』

もしもある日ほんとうに／理想の愛が叶うなら／もっと君を大事にしよう／いつまでもいつまでも
努力しよう／その日がどれほど遠かろうが／きっと理想を叶えてみせて／君に向かって囁くんだ／
愛している、愛している／ネズミがお米を愛するように／嵐が来ようと僕は君のそばにいる

（楊臣剛「ネズミがお米を愛するように」）

中国には二〇〇七年当時、一億数千万もの「民工」という都市出稼ぎの農民労働者がいた。農民ばかりか、倒産した国有企業の従業員や都市の職場でリストラされた人々も他の街で出稼ぎしていた。広大な国であるため、帰郷には日数も費用もかかり、家族の元に帰れるのは年に一度の旧正月ぐらいのもの、二〇〇七年の二月には、延べ二一億もの人が「民族大移動」に加わり、その多くが出稼ぎ民工たちの帰

省であったという（『読売新聞』二〇〇七年二月一五日「21億人の大移動」）。

それでも年に一度でも家族団らんを楽しめる人はまだ幸せだ。何年も別離が続く夫婦も多く、そのような中国では別離の歌、遠くの妻や夫、恋人との再会を願う歌が流行している。『長江哀歌』の主人公韓三明（ハン・サンミン）が奉節《フォンジェ》の街で民工の仲間入りする時に流れる流行歌は、妻や娘と一緒に暮らせる日を待ち望む男の気持ちを、「ネズミがお米を愛するように」と農民的思いを込めて語っているのだろう。

奉節は、二五〇〇年前の春秋時代から続く四川省の古都で、長江の北岸にあってこの大江に臨み三峡の西という要衝の地にある。街並は山を這い上がるように築かれ、かつては二百余段の石段を登って市街地入口の城門に達したという。そして現在では三峡ダムの建設にともない、街は湖底に沈み始めており、多数の住民が移住して行くいっぽう、彼らを追い立てるようにビルの解体工事が急ピッチで進んでいる。

北方の山西省から奉節にやって来た農民で炭坑夫の三明《サンミン》は、一六年前に三〇〇〇元を払って妻を買う違法な「売買結婚」を警察に摘発され、故郷の奉節へと帰って行った妻と当時はまだ幼かった娘を探している。一泊三元（一元は約一五円）というオンボロ宿を一元二〇銭に値切り、民工として解体工事現場で働くうちに、ようやく元の妻と再会できるが、彼女は今では兄の三万元の借金のためほかの男の愛人となっており、娘はさらに南方の広東省・東莞市で出稼ぎしていて会うこともかなわない。

奉節の民工の日当は四〇～五〇元、山西の炭鉱だったら一日二〇〇元の稼ぎになる。そのいっぽうで、中国では生産量一〇〇万トンあたりの炭鉱労働者の死亡率は二〇〇三年で三・七人、ロシアやインドと比べても桁違いに高く、〇五年には六〇〇〇人近くが炭鉱事故で死亡したという（『朝日新聞』二〇〇六年六月二四日「中国炭鉱事故に党動揺」）。それでも「いつまでも努力しよう……きっと理想を叶えてみせよう、と決意した三明《サンミン》は晴れやかな顔で山西省の炭鉱へと帰って行くのだ。

ねえ、ゆっくりお飛び／バラには棘があるから気を付けて／……ねえ、僕と一緒にお飛び／林を抜けて小川まで／ねえ、ダンスを踊ろう／春の愛には夜は来ない／二人で仲良くヒラヒラ飛ぼう／世間のしがらみ飛び越えて／いつまでも一緒にいよう……（厖龍「二匹の蝶」）

山西からは看護婦の沈紅（シェンホン）もやって来る。夫婦で勤めていた工場が倒産したため、夫は二年前に奉節に出稼ぎに行ったが、再就職した工場も倒産し携帯電話の連絡も途切れてしまった。明日には三二歳の誕生日を迎えるという沈紅《シェンホン》は、子供が欲しいと切望しているのだ。ところが失踪したはずの夫は、実は怪しげな会社を厦門《アモイ》人の女性と共同経営しており、高級車を乗り回しダンスホールを経営し、社交ダンスをたしなむまでに変わっていた……三明《サンミン》の元の妻を愛人として囲っている男は、沈紅《シェンホン》の夫の会社と関わりがあり、互いに出会うことのない三明《サンミン》・沈紅《シェンホン》の二人の山西人の物語は、そんな形で南方長江の沈む街で切り結んでいるのだ。

中国共産党は一九八〇年代の鄧小平時代に改革・開放政策へと大転換し、東部・沿海部に中国内外の資金を集中投下、都市部の国有企業に対し急激なリストラを進めてきた。こうして「新富人《ニューリッチ》」階級あるいは新財閥という利益集団が生まれ、一九九七年のポスト鄧小平時代に入ると党幹部が国有企業の私有化を通じて党員のままオーナー企業家となり「新富人」階級に加入し始めた。共産党は「新富人」の利益を極大化することを至上課題としているとさえ指摘されている（清水美和『中国「新富人」支配　呑みこまれる共産党国家』講談社、二〇〇四年）。

このような二〇年来の急激な改革・開放という名の一大リストラ政策により、西部・内陸部は切り捨てられて貧困化し、都市には国有企業を解雇された中高年失業者が急増した。また社会の大変革により離婚や金銭授受による愛人関係など、家族制度も揺れている。現代中国の繁栄とは、極言すれば「新富人」による内陸部農民と旧国有企業職員の切り捨てと搾取によって成り立っているといえよう。

三峡ダムは一九九四年一二月に着工、二〇〇三年には三分の二の工程が完了して貯水が始まり一部発電も開始し、二〇〇九年完成時の貯水量は三九三億立方メートルで日本最大の奥只見ダムの約八五倍となる予定である。総投資額は一八〇〇億元で水没地域からは一一三万人が移転を余儀なくされるいっぽう、長江の水位上昇により一万トン級の船舶が重慶まで航行可能となるという（共同通信社『中国動向2005』）。環境への影響が懸念されるいっぽう、内陸長江沿岸部の上海経済圏への従属が強化され、またダム建設投資をめぐる「新富人」たちの暗躍も想像される。

『長江哀歌』は長江の絶景を背景に、沈む街、解体される街を舞台として、炎天下の苦しい作業に耐える出稼ぎ労働者の暮らしぶりから、オンボロ旅館の親爺さん、香港スターの周潤発（チョウ・ユンファ）に憧れながら殺されてしまう気の良いチンピラ、ダム開発事業に食い込み手荒な手段でのし上がっていく新興企業など、高度経済成長で湧く中国社会の光と影を描き出しているといえよう。

賈樟柯（ジャ・ジャンクー）監督はデビュー作『一瞬の夢』（一九九八）から『プラットホーム』（二〇〇〇）に至るまで山西の小都市を舞台としていた。この汾陽《フェンヤン》という街については拙著『中国映画　百年を描く、百年を読む』（岩波書店、二〇〇二年）をご参照いただきたい。禿げ山が連なる乾燥した北方汾陽の風景とは対照的に、高温多湿の南方の街奉節を囲む、緑の連山、波立つ長江を明暗くっきりと映し出す『長江哀歌』のカメラワークも印象深い。

ところでドイツの劇作家ブレヒト（一八九八〜一九五六）は第二次世界大戦中の一九四一年に亡命先で寓意劇『セチュアンの善人』を書き上げ、庶民が欲望に翻弄されて善良には生きがたい資本主義社会の構造を描いた。その舞台では善良すぎて自分も貧乏人仲間も救えないヒロインの娼婦シェン・テが「わからない、どうしていいか、他人《ひと》にもいい人間で／自分にもいい人間であるには……ああ、あなた方の世の中はむずかしい！　苦しみが多すぎ、絶望が多すぎる！」と嘆く（加藤衛訳『ブレヒト戯曲選集　第三巻』白水社、一九六二年、三八六頁）。

この作品は中国の架空の土地の首都を舞台としており、ドイツ語の「セチュアン」は四川《スーチュワン》省の当て字とも読めるため、中国ではこの戯曲を『四川好人』と訳している。賈樟柯《ジャ・ジャンクー》の『三峡好人』（『長江哀歌』原題）はまさにダム開発ブームで欲望渦巻く四川省に生きる善人を描いた映画である。売買婚も借金のための愛人も、黒社会の出入りも闇炭鉱での採炭もすべて違法と知りながら、妻を買い戻す決断を下す三明《サンミン》は、大戦期の亡命者ブレヒトに対する高度経済成長期中国の賈樟柯《ジャ・ジャンクー》の回答なのかも知れない。そして新しい恋という嘘、あるいは希望で以てひとまず恋愛結婚を終わらせる沈紅《シェンホン》も、主体的に生きようとする善人なのであろう。

チンピラの小馬哥（シアオマーゴー）に、あんたは昔のことに結構こだわるね、と言われた三明《サンミン》はこう答える――自分のことなんだ、忘れられるかい。そうして二人が電話番号を交換すると、三明《サンミン》の携帯から着メロの流行歌「善人にはやすらかな人生を（好人一生平安）」が鳴り響くのだ。

多くのことが過ぎたけど／まるで昨日のことのよう……気持ちは今も落ち込んで／出会いは甘いか苦しいか／今はグラスを掲げて祈ろう／善人にはやすらかな人生を……狭い世の中、人の縁／こんな思いが心に沁みる（易茗「善人にはやすらかな人生を」）

私たちも三明《サンミン》一家のやすらかな人生を祈ろう。そして沈紅《シェンホン》の新たな善人との出会いを願おう。

〔二〇〇七年八月〕

DATA

『長江哀歌』　原題／三峡好人　監督／賈樟柯（ジャ・ジャンクー）　出演／趙濤（チャオ・タオ）、韓三明（ハン・サンミン）　製作／二〇〇六年

# 幻の街の「歴史の記憶」——虚実皮膜の不思議な映画

『四川のうた』

二〇〇八年、四川省省都の成都では五〇年の歴史を誇る国有企業「420工場」が、郊外工業区へと移転した。市内一等地の敷地は、中国政府系不動産会社に売却されたが、五六万平米という日比谷公園三個半分の巨大な敷地では、最盛期には三万人の労働者が働き、その家族一〇万人が暮らしていたのだ。「420工場」は幼稚園から高校まで、映画館からプールまでの教育福利設備を持ち、独立した一つの街を形成していたという。

人民共和国六〇年史は主に毛沢東時代（一九四九〜七九頃）、鄧小平時代（一九八〇頃〜九七）そしてポスト鄧時代の三期に分けられる。毛時代には対外戦争が続き、朝鮮戦争（一九五〇〜五三）で北朝鮮を支援してアメリカ軍と戦い、五六年にはソ連との溝が深まり中ソ論争（一九六〇）などを経て六九年の中ソ国境紛争へと発展した。その間には五五年にアメリカが南ベトナムに軍事援助を開始し、六五年には軍事介入を行ってベトナム戦争が始まっている。中国共産党は米ソの攻撃から軍需産業を守るため「三線政策」を発動、東北地方の瀋陽にあった飛行機エンジン修理工場も五八年に遙か西南部へと移動して「420工場」に変身したのだ。それから五〇年後、解体されていく工場を舞台に労働者たちが自分史を語ったのが本作である。

最初のフー氏は四八年成都生まれ、一六歳で見習い工となった後、解放軍に入隊した。ワン班長が工具を大切に使えと指導してくれた、班長には何年もご無沙汰して申し訳ない、文革中に成都が内乱状態になると工場は空になったが班長だけは出勤していた、と語り面会に行く。班長は、ここに来た時には朝鮮で戦争をしていて残業の連続だった、と些か斑模様の記憶を語る。そんな二人を見ながら、私はこんな想像を禁じえなかった——班長は親が地主か富農、国民党関係者で、文革中には悪い階級の出身と見なされてリンチに遇い、職場の仲間が暴れ回っているあいだも、コツコツと仕事を続けていたが、フー氏は軍需工場から解放軍入隊というエリート青年で文革にも積極参加するいっぽう、厳しい差別を受けていた班長を庇うことなく、あるいはリンチにも加わって……

賈樟柯（ジャ・ジャンクー）監督が一年がかりで行った労働者約一〇〇人のインタビューは、主にプロの俳優が演じる労働者役に託されている。映画の過半は実録風フィクションなのだ。呂麗萍（リュー・リーピン）は二一歳で夫とともに大移動に加わった労働者を演じる——六〇年の災害で全国が飢餓状態にあった時でも「420工場」では毎月一キロ半の肉の特配があったが、船で長江を遡る時、軍令に準じる移動命令のため三歳の息子と生き別れになった……厳しかった毛時代の集合記憶を一人の半生にまとめたものといえよう。

陳沖（ジョアン・チェン）は五八年生まれで、文革終了間もない七八年に上海航空学院を卒業した鄧時代の精密機器検査員を演じる――上海は中国の最先端の街で、自分は新進女優に似ていたため、「廠花《チャンホワ》」（ミス工場）と噂され、人気映画ヒロイン名の〝小花（シアオホワ）〟が愛称となったけど、好条件のお見合いも捏造ラブレターで邪魔されて破談となり、職場交換で上海に帰ろうとしても、毛時代末期の中越戦争以後は戦争もなく軍需工場は不景気となって、上海から成都に来ようという者などいなかった。最近ある社長さんとお見合いしたところ、若い頃レンガ職人として「４２０工場」に出入りして「廠花」に憧れていたと告白されたけど、自分自身を大事にしたいと思って断った……

ところで愛称の由来となった七九年の映画『小花』（邦題『戦場の花』）は、国共内戦期の山村を舞台に義理の兄を解放軍部隊へ訪ねていく一七歳の少女の物語で、この小花《シアオホワ》役を陳《チェン》が演じて最優秀女優賞を受賞したのだ。本作でもこの映画の一部が映し出され、若き日の陳《チェン》が登場する。三〇年前の革命青春映画に主演した大女優が、鄧時代に翻弄された労働者として身の上話を語るとは、何という虚実皮膜の芸であろうか！　虚構と事実とを融合して歴史の記憶を描き出すという実験は、ここに極まったといえよう。

趙濤（チャオ・タオ）は八二年の成都生まれで、支社の元工場長の娘を演じる――父により荒れる「４２０工場」附属高校から進学校に転校させられたが、勉強嫌いで大学受験に失敗、今は有閑マダムたちのため隔週に香港に出かけて贅沢品を仕入れるバイヤーとなり、テレビ塔回転展望レストランの支配人も引き受けるつもり。男友達と高級マンションで同棲してきたが、ある日初めて九五年にリストラされた母が臨時工として働く電柱工場を訪ねてショックを受けた。お金を稼いで両親に工場跡地に立つマンションを買ってあげたい、自分にはきっとできる、だって労働者の娘なんだから……。彼女が言う「労働者」とは毛時代のエリート労働者を指すのか、それともポスト鄧時代の底辺労働者を指すのだろうか。

映画の原題『二十四城記』とは、「420工場」の跡地に立つ高級マンション・商業複合施設の名前に由来し、その「二十四城」という名は不動産会社ホームページによれば、成都の繁栄を歌った「二十四城《にじゅうしじょう》　芙蓉《ふよう》の花、　錦官《きんかん》　昔より繁華を称《たた》えらる」という古詩に因るという。錦官とは本来は絹織物を司る官僚のことだが、その昔、絹で栄えた成都は錦官城と称された。だが「二十四城」とは見慣れぬ言葉であり、この古詩の出典も明らかにされていない。まさか〝420〟の数字を置き換えて〝二十四〟にした冗談ついでに、「古詩」を創作したわけではあるまい。

戦時体制下の毛時代には自給自足の都市を誇った軍需工場が、改革・開放経済の鄧時代を民生品への生産転換とリストラで辛うじて凌いだものの、高度経済成長のポスト鄧時代に入るとついに成都の街から消えていく。その後に立つ東京お台場のような複合施設は、その名の歴史性も怪しい……本作はこんな幻の街の「歴史の記憶」を虚実皮膜の手法で描き出したといえよう。

映画は「鐘の音が鳴り響き、新しきミレニアムを呼び覚ます……親しき友よ親しき仲間よ、さあ共に祝杯を挙げん」（翻訳：筆者）という建国五〇周年を祝う流行歌「今夜無眠」を流したかと思うと、一転してアイルランド詩人イェイツの「いまはわが身、凋《しお》れて真理となろう」（「知恵は時と共にきたる」より、尾島庄太郎訳）という中高年の悲哀を歌った詩を引用する。〝420〟から〝二十四〟への変貌とは希望なのか悲哀なのか——人民共和国三代の労働者の語りを見聞しながら、私は三〇年前の日本におけるポストモダン到来期を思い出していた。そしてその日本のポストモダンも、二〇〇八年来の金融危機を契機として終わりを迎えている、という予感がしてならなかった。

〔二〇〇九年四月〕

DATA

『四川のうた』 原題／二十四城記 監督／賈樟柯（ジャ・ジャンクー） 出演／陳沖（ジョアン・チェン）、呂麗萍（リュー・リーピン）、趙濤（チャオ・タオ） 製作／二〇〇八年

©2008 映画『四川のうた』製作委員会

# 賈樟柯氏インタビュー

『罪の手ざわり』

二〇〇〇年一月に『一瞬の夢』（原題『小武』一九九八）が渋谷・ユーロスペースで上映されたときの衝撃は忘れられない。それまで現代の北京や上海を描く中国映画は、どれもリアリティーを欠いていたのに対し、ポスト鄧小平時代の阿Qとも言うべきチンピラを描いたこの作品が、孤独な青春を見事に描ききっていたからだ。遠い中国山西省の小都市を舞台とする物語でありながら、自らの分身を見ているかのような錯覚へと私を導いていくからだ。

賈樟柯（ジャ・ジャンクー）は続作『プラットホーム』（原題『站台』二〇〇〇）でも、自らの故郷汾陽《フェンヤン》を舞台に、県政府の文化工作団（巡回歌舞劇団）の若き団員たちを描いた。物語の時間は一九七九年から八九年、すなわち鄧小平時代最初の一〇年間であり、改革・開放政策による中国社会の激変が、人口三〇万の鉄道も通らぬような小都市にも容赦なく押し寄せてくる時代であった。私が二〇〇九年に賈《ジャ》監督に初めてインタビューしたとき―それは彼が映画『四川のうた』（原題『二十四城記』二〇〇八）日本公開のため来日した際のことだ―、監督は「青年たちは県外を旅し、省内を巡礼して毛沢東時代の集団主義から解き放たれ、次第に自我、自意識に目覚めていったのです」と語っていた。それにしても、八〇年代小都市の青年たちが展開する無器用な恋愛が新鮮にして痛々しい。

二〇〇四年の作『世界』（原題『世界』）は、舞台を北京南西郊外に移し、山西省からアジア最大の大型ミニチュア景観公園「世界公園」に出稼ぎに来た青年たちを描いている。面積四六ヘクタールの園内に配置されたパリのエッフェル塔、ニューヨーク自由の女神、インドのタージ・マハールなど五十数カ国一〇〇余りの小型模型文化・自然景観を背景とする、貧しいダンサーやガードマンたちの悲しい恋愛物語である。この作品で、現代中国人が生きている空間の劇変、という賈樟柯《ジャ・ジャンクー》映画のテーマが確立したといえよう。

そして『長江哀歌』（原題『三峡好人』二〇〇六）では故郷の汾陽、あるいは山西省と縁の深い北京から一気に四川省の長江へと飛躍し、全中国的ローカルカラー・フィルムを撮るに至る。自らの経験値に基づく創作から、中国近代化における人々の暮らしという大きな視点に立ったのである。同作は国家プロジェクトである三峡ダム建設を背景として、長江三峡の古都奉節《フォンジエ》まで、逃げた妻を追いかけて来た中年の坑夫と、奉節に出稼ぎに行ったまま蒸発した夫を捜しに来た三〇代の看護師という男女の山西人を登場させて、ポスト鄧小平時代の新しい生き方を描いた。『長江哀歌』は日本・韓国・欧米と世界で絶讃され、賈樟柯《ジャ・ジャンクー》映画の代表作と見なされている。

このたびのインタビューでは、ドイツの劇作家ブレヒト（一八九八～一九五六）との関わりから問い始めた。実は『長江哀歌』の中国語原題は『三峡好人』で、これはブレヒトの寓意劇『セチュアンの善人』の題名を借用したものなのである。ブレヒトは第二次世界大戦中の一九四一年に、亡命先で中国を舞台とする戯曲を書き上げた。ドイツ語の「セチュアン」は四川《スーチュワン》省の当て字とも読めるため、中国ではこの戯曲は『四川好人』と訳されているのだ。

――『セチュアンの善人』が資本主義社会における庶民は欲望に翻弄されて善良には生きがたいと描くのに対し、『長江哀歌』は貧しい人や敗者が一番やさしくて善人であるという物語でしたが、新作『罪の手ざわり』（原題『天注定』）からはカフカ的という印象を受けました。華北山西省農村での大量殺人事件を描く第一幕では、収賄容疑を受けている村長が有能なリーダーに見え、役場の会計係は生真面目そう、贈賄側企業の勝利グループ社長も知的でイケメン。それに対し、贈収賄汚職と環境破壊を告発し、それに失敗して大量殺人に走る胡大海（フー・ダーハイ）のほうは、清潔感や安定感を欠いており、ホラ吹きの四〇歳独身で、高校生の息子を持つ高校時代の元同級生に向かって愛の告白まで始めてしまいます。

「胡大海《フー・ダーハイ》は、自分は時代から淘汰されてしまった負け犬、という不満を抱いています。村長や社長になりたかったのになれなかった、というような。そのいっぽうで、一見正常な人たちが実は非常に間違ったことをしており、この悪の「勝ち組」から利益配分を受けている村人たちは、胡大海《フー・ダーハイ》の告発に耳を傾けようとはしないのです」

冬の山西省の荒涼たる風景を背景とするこの物語からは、カフカの『城』が連想されるのだ。胡《フー》は高卒の学歴を持ち、法律も学んでいて冗舌、肥満体に自ら糖尿病の注射器を刺す。これに対し華西重慶での無差別強盗事件を描く第二幕では、正反対の人物が登場する。この強盗殺人常習犯の農民は、痩身で無口、年末に帰郷し妻子に再会してもほとんど話をしない。胡大海《フー・ダーハイ》が猟銃を肩に掛け村中を闊歩しながら殺人を犯すのに対し、強盗犯の凶器はピストルである。

「彼が名前ではなく「周家の三男」と呼ばれているのは、中国の農村では普通のことです。彼は中卒で完全に体制から乖離しています。彼は大みそかに、山西省の胡大海《フー・ダーハイ》の村で殺した三人のため三本のたばこに火をつけてお供えし、「恨むなら天を恨め」と言うのです。そして対岸の重慶中心部で上がる華麗な花火を拒絶し、幼い息子の前で自己讃美するかのように、拳銃を一発、天に向かって撃つ。経済発展から取り残された農村で自我を確立するために、彼は誤った道に進んでしまったのです」

若い出稼ぎ農民の月給二五〇〇元に対し、鉱山グループ社長は一掘り数十万元、そこには厖大な貧富の差が存在している。この周家の三男が次の強盗殺人に向かう先は華中湖北省の宜昌《イーチャン》であり、その夜行バスには不倫相手との逢瀬に向かう中年サラリーマンが乗っている。彼の恋人は高級風俗店の受付係の小玉（シアオユー）だが、しっかり者の彼女が、二人の屈強な男を従えた恋人の妻から暴行を受け、さらに店の客から執拗なセクハラを受け、ついに暴発する。

「第三幕のその場面が今回の映画の中で最も武俠物《ぶきょう》に近いところです。彼女がナイフを取り出してからの展開は非常にドラマチック、この映画の中でもチラリとお見せした京劇の善玉主役、林冲将軍の孤独な逃亡を彷彿させるのです」

地味な女性が突如として女俠客に変身する――そんな難しい役を賈《ジャ》監督作品の常連である趙濤（チャオ・タオ）が巧みに演じていた。小玉《シアオユー》の恋人は華南広東省の縫製工場で管理職を務めており、彼の部下で湖南省出身の若い労働者小輝（シアオホイ）は、高級売春クラブのウェイターなどへの転職を重ねたのちに自殺する。賈《ジャ》監督によればこの第四幕は、二〇一〇年から一三年にかけて台湾企業の富士康科技集団の在中国各工場で頻発した自殺事件にヒントを得たものという。この事件に関してはたとえば「八〇後《ポストエイティーズ》」を代表する作家の韓寒（ハン・ハン、かんかん、一九八二〜）も「青春」というエッセーを書いて、若い出稼ぎ労働者の苦況に深く同情している。だが賈《ジャ》監督は同情に留まるのではなく、労働現場や友人・恋人関係など、自殺者の暮らしの細部にまで踏みこんでいったのだ。

「多数の若者たちが田舎から都市へ出てきて働いていますが、企業も社会も人間として彼らを受け入れているのだろうか、という疑問を禁じえません。このような若者たちは低収入で一生懸命働きながら、不公平感を増幅させているのだと思います」

このように『罪の手ざわり』は、華北から始まって、華西、華中、華南と中国の西半分を反時計回りでグルッと半周回したのち、再び山西省に戻って結ばれる。上海、北京という沿海部の繁栄を謳歌する都市を飛ばしたのはなぜか、という問いに賈《ジャ》監督は「武俠物だから」と答えた。「たとえば僕が少年時代に繰り返し見た香港の胡金銓（キン・フー）監督の『俠女』（一九七一）でも、主人公は最後には隠れ里で暮らすのです」

『罪の手ざわり』の四人の主人公は、中国で圧倒的多数を占める漢族である。そのいっぽうで、本作製作前後にも中国ではウイグル族によるとされる漢族警察官殺害、チベット族による抗議のための自殺などが頻発している。このような少数民族問題を賈《ジャ》監督はどう考えているのか、を最後に問うてみた。

「僕は多くの中国人と同様、少数民族のことに関しては理解が不足しています。今回の映画でも製作の過程で、底辺層の人々が引き起こす事件の背景を少しずつ考えていきました。少数民族問題も避けることなく、理解を深めるべきだと思います」

暴力と自殺は現代中国だけの問題ではなく、日本を始め世界共通の現象でもある。賈《ジャ》監督は実録体映画を通じて、世界の人々に共に現代社会の病理を考える方法を示唆しているのだ。

〔二〇一四年六月〕

DATA

『罪の手ざわり』　原題／天注定　監督／賈樟柯（ジャ・ジャンクー）　出演／姜武（ジアン・ウー）、王宝強（ワン・バオチアン）、趙濤（チャオ・タオ）　製作／二〇一三年

# 中国映画のちょっとヤクザな男女——賈樟柯監督『江湖児女』

『帰れない二人』

賈樟柯（ジャ・ジャンクー）は現代中国を代表する映画監督であり、彼の最新作『帰れない二人』（原題『江湖児女』）は、石炭の都と称される人口三四二万人の山西省大同《ダートン》市を主な舞台として、二〇〇一年から二〇一八年に至るまでの、ちょっとヤクザな男女の人生を描いている。

斌（ビン）兄さんはタクシー会社と地元の資産家たちが集まる麻雀店を経営し、不動産開発に関わる裏の仕事を頼まれるいっぽうで、子分たちと香港映画『男たちの挽歌』（原題『英雄本色』一九八六）などを見ては、ヤクザの仁義を学んでいる。

斌《ビン》兄さんの恋人でモデルの巧巧（チアオチアオ）は、彼との早期の結婚を願いつつ姉御風に振る舞っているが、斌《ビン》兄さんはヤクザ修行で忙しい。ある夜、斌《ビン》兄さんが街頭で敵対組織の襲撃を受けたため、巧巧《チアオチアオ》が彼の拳銃で威嚇射撃を行いこの危機を切り抜けるが、二人は拳銃不法所持によりそれぞれ禁固一年と五年の判決を受ける。巧巧《チアオチアオ》は出獄後、四年先に出獄した斌《ビン》兄さんを探して三峡ダムまで出かけるが、すでにヤクザの気概を失った彼は、彼女と別れたいという。巧巧《チアオチアオ》は斌《ビン》兄さん探しの過程で大小のペテン師らに出会ううちに、自らも金持ちを騙す術を覚え、大同に戻って賭け麻雀店を再興し、過度な飲酒による脳溢血で下半身不随となった斌《ビン》兄さんを自宅に引き取るが……

山西方言全開で姉御役を熱演する趙濤（チャオ・タオ）からは、日本のヤクザ映画『極道の妻たち』シリーズ主役の岩下志麻が連想された。賈《ジャ》監督はおそらく香港や日本のヤクザ映画に学びながら、『帰れない二人』を製作したのであろう。

しかし中国で暮らし、中国メディアの報道に接している限り、ヤクザの存在感は薄い。映画の題名の〝江湖〟とは広い外の世界、あるいは薬の行商や大道芸人など世間を渡り歩く人々を指す言葉で、中国語の〝黒社会（暴力団）〟を意味することは少ないだろう。実際に斌《ビン》兄さんも巧巧《チアオチアオ》も麻薬密売や売春組織などの非合法活動はしておらず、麻雀店の客たちの賭け金もやや羽目を外した程度に過ぎず、夜の街に銃声一発が轟くことはあっても、派手な銃撃戦が演じられることはない。そもそも二人の経済活動もほぼ大同市内に限られており、〝江湖〟のイメージからは遠い。なぜ賈《ジャ》監督はヤクザの親分になれなかった男と、合法と非合法との隙間で営業する麻雀店の姉御とを描いたのであろうか？

二〇一八年八月にソウルで開催された第一〇〇回中国電影論壇国際シンポで、私は「中国高度経済成長に取り残された「底層」を描き続けて――ジャ・ジャンクー（賈樟柯）監督の映画を回顧する」（中国語訳《关于贾樟柯电影：高度经济发展里面的〝底层叙述〟》という講演を行った。デビュー作『一瞬の夢』（原題『小武』一九九八）から『罪の手ざわり』（原題『天注定』二〇一三）に至るまで、賈《ジャ》監督は小都市の県城を舞台に〝底層叙述〟を行ってきたのだ。しかし二〇一五年の前作『山河ノスタルジア』（原題『山河故人』）においては山西省の成金でオーストラリアに移住した資産家とその息子や、小都市汾陽《フェンヤン》で裕福な暮らしを送る彼の前妻らが主人公であり、低層階級は資産階級の憐憫に縋ってかろうじて生きているのである。

このように賈《ジャ》監督の底層叙述は『山河ノスタルジア』に至り大きな変化を見せていたために、私はことのほか本作『帰れない二人』に注目していたのだ。そのような視点から『帰れない二人』を見ると、同作のテーマが地方都市の資産家の周縁で社交クラブを営む侠客であることが理解できよう。古来、侠客とは強きをくじき弱きを助けることをたてまえとしており、社会的弱者である低層階級の人々にとっては英雄であった。しかし斌《ビン》兄さんは修行の途中でヤクザ道から脱落し、巧巧《チアオチアオ》は斌《ビン》兄さんの元の子分を再雇用するのがせいぜいで、強きをくじく英雄を目指しているわけではない。賈樟柯《ジャ・ジャンクー》監督は、『山河ノスタルジア』に続けて今回も底層叙述の新展開を避けたようすである。

なおソウルでの報告「中国高度経済成長に取り残された「底層」を描き続けて」の日本語版は『トーキングヘッズ』第76号（「天使／堕天使～閉塞したこの世界の救済者」二〇一八年一〇月）に掲載されている。

〔二〇一八年一二月〕

DATA

『帰れない二人』　原題／江湖児女　監督／賈樟柯（ジャ・ジャンクー）

出演／廖凡（リアオ・ファン）、趙濤（チャオ・タオ）　製作／二〇一八年

# 第四章　改革開放経済の明暗

# 現代中国の原風景
## ——野外映画館「シネマ大世界」が映し出す清く美しき時代

『玲玲の電影日記』

一九七二年二月、中国西北部にある炭鉱の街に、有線放送による夕方のニュース番組が流れた——新華社報道によれば、ニクソン大統領とその夫人が、本日、文芸の夕べに招かれ、革命現代バレエ『紅《こう》色《しょく》娘《じょう》子《し》軍《ぐん》』を鑑賞したのである。周恩来首相は同大統領夫妻に同伴してバレエ上演を鑑賞した。バレエ鑑賞に同伴したのはそのほか国務院外交部文化……

文革期特有の時代かかった言い回しを、微妙に愛らしい声で語るアナウンサー江雪華（ジアン・シュエホワ）は、突然吐き気を催し、その場しのぎに革命歌のレコードをかけようとするが、慌てて中華民国期の映画女優で歌手でもあった周璇（ジョウ・シュエン、しゅうせん）の禁断のレコードを流してしまう。なんと独身で女優志望の雪華《シュエホワ》が妊娠していたのだ。女児玲玲（リンリン）を生んだ彼女は、吊し上げ集会に引き出され、「誰がレイプしたのか正直に言うんだ」と訊問されるが、逃げた恋人の名前を隠し通したため、職場も住居も追われ、洗濯婦となって玲玲《リンリン》を育てる。
やがて文革も終わり、雪華《シュエホワ》は野外映画館を請け負う潘大任（パン・ダーレン）と結婚、玲玲《リンリン》にも弟が生まれるが、幼い弟は玲玲《リンリン》が隠れて映画を見ようとして登ったボイラー室の屋上から墜落して死亡、怒る義父に殴られた玲玲《リンリン》は聴覚を失い家出してしまう。そして二〇年ほどが経過した今、母が結婚する前の家にいた居候で戦争映画狂いの少年毛小兵（マオ・シアオビン、成人して毛大兵と改名）との奇妙な出会いがきっかけで、玲玲《リンリン》は両親と再会するのだが……

中国における文化大革命とは、一九六六年五月の紅衛兵運動で始まり七六年の毛沢東の死まで続き、「十年の文革」と称される。だがアメリカ亡命中の作家鄭義（ジョン・イー、ていぎ、一九四七〜）によれば「六八年上半期には労働者組織鎮圧が始まり、六八年八月には学生組織が解散させられ……その後のあの長い八年間は、毛沢東の文革のブレーキのきかぬ慣性運動に過ぎない」という（『中国の地の底で』藤井省三監訳、朝日新聞社、一九九三年）。それでも一九七二年にはニクソン訪中により中米接近が開始し、田中角栄首相訪中により日中国交回復が実現するなど、ポスト文革の動きが胎動していたのである。

ニクソン大統領が見たという『紅色娘子軍』は一九三〇年ごろの海南島を舞台とする共産党軍女性部隊の物語で、一九六一年に謝晋（シエ・ジン、しゃしん、一九二三〜二〇〇八）監督で劇映画として製作されたのちバレエに改編され、ニクソン訪中前年にはバレエ映画が製作されている。ケネディ大統領暗殺（一九六三）を中国人は「アメリカ帝国主義滅亡の日がやってきた」と手を叩いて喜んだというが、その次の次の大統領を北京に迎えた中国共産党は、文化接待に反米色のないバレエを選んだというわけだ。文革中の西北部鉱山街の人々にとっては、アメリカも遠ければ中国南端の海南島バレエも異国情趣に溢れた物語であったといえよう。

妊娠前の雪華《シュエホワ》が工場の小舞台で一場を演じてみせる『紅灯記』は、日中戦争期の鉄道員一家による日本軍への抵抗を描いた革命現代京劇であり、文革中は同作や『紅色娘子軍』など映画・京劇・バレエによる革命物語一〇種のみが繰り返し上演されラジオ放送されており、他の作品はすべて禁止されていた。

出産後に母子心中を決意した雪華《シュエホワ》が、最後の映画と思って見るのがアルバニアの『死すとも屈せず』“Victory over Death”。文革中の中国と友好関係にあった国は北朝鮮とアルバニアだけで、欧米映画といえばアルバニア映画しか見られなかったのだ。私も文革末期の一九七三年に上海の映画館で対独パルチザンを描いたアルバニア映画を見たことがある。ヨーロッパ人女優が吹き替えで中国語を話すのにはふしぎな気がしたが、満員の上海人観衆はうっとりと見入っていたものだ。そして『死すとも屈せず』の美人革命家に励まされた雪華《シュエホワ》は、差別と貧困に負けることなく玲玲《リンリン》とともに生きていく決意を固める。

玲玲《リンリン》が小学校に上がる頃には文革も終息し、大量の新旧映画が製作され再上映され始める。母親に似て映画大好き少女の玲玲《リンリン》は、スクリーンで活躍する羅金宝《ママ》（ルオ・ジンバオ）（『中国電影大辞典』では羅金保）を父と思い込む。その映画とは『小兵張戛』（ちびっ子兵隊の張戛、一九六三）で、抗日戦争中に日本軍に家族を殺された張戛（ジャン・ジア）少年が復讐を誓って八路軍（解放軍の前身）に入り偵察小隊に配属されるという物語で、張戛《ジャン・ジア》を指揮する小隊長が羅金保《ルオ・ジンバオ》なのである。映写技師の潘《パン》も「君のパパは遊撃隊だから……ほかのパパのように一緒に遊べないけど、戦争の英雄ですっごく格好いいんだぞ」とやさしく諭してくれる。

また玲玲《リンリン》のアイドル潘東子（パン・ドンズー）とは、文革末期の一九七四年製作の映画『閃閃的紅星』（原作は李心田の同名小説）の主人公で少年兵として国民党との内戦や抗日戦争で活躍する潘冬子（パン・ドンズー）であろう。ちなみに幼い玲玲《リンリン》に「大きくなったら何になる？」と問われた毛小兵《マオ・シアオビン》が、「八路軍に入り日本軍をやっつける」と答えているのも、これら革命映画の影響によるものである。九〇年代の北京で恋に落ちる日本人女性を描いた小説『韓素音《ハン・スーイン》の月』（集英社、一九九六年、現在は集英社文庫）で、作者の茅野裕城子は主人公に「この国で日本人なのは辛い。まるでプロレスの悪役にされた気分よ」と語らせているが、たしかに八〇年代までの中国戦争映画に出てくる日本兵は、凶悪にして間抜けで臆病なのだ。

ポスト文革期には生産請負制が普及するが、おそらく映写技師の潘大任《パン・ダーレン》はその波に乗って公営の野外映画館経営を請け負ったのであろう。彼は入り口に「シネマ大世界」という門を設置し、街でも有数の企業家となって雪華《シュエホワ》に求婚する。二人の結婚披露宴にはこの町ではまだ珍しかったテレビが新婚所帯の家具として展示されているが、皮肉なことに改革・開放政策の発展と共に急速に普及するこのテレビに、潘《パン》の野外映画館も太刀打ちできずやがて閉館を迎える。そしてその夜に玲玲《リンリン》の弟の墜落事故が起きたのだ。潘《パン》にとっては二重の悲しみであり、そのため普段は温厚な潘《パン》が、思わず力一杯玲玲《リンリン》を殴ってしまったのだろう。

その野外映画館最後の上映作は一九八一年製作の『小街』（路地）で、文革中に迫害された少女を助けようとした自動車修理工が、造反派のリンチを受けて失明し、文革終息後に再会するという物語。雪華《シュエホワ》・玲玲《リンリン》親子には切実な内容であったろう。

この映画は現代中国の原点ともいうべき文革後半期から八〇年代までの十余年、すなわち映画が中国人最大の娯楽であった中国映画黄金時代を、小さな鉱山街の野外映画館を舞台に甘く切なく描いた中国版『ニュー・シネマ・パラダイス』といえよう。

〔二〇〇六年五月〕

DATA
『玲玲の電影日記』 原題／電影往事 監督／小江（シアオ・ジアン） 出演／夏雨（シア・ユー）、姜宏波（ジアン・ホンボー）、関暁彤（グァン・シャオトン） 製作／二〇〇四年

# 詩人は鶏の羽根のように吹かれて飛ぶ——中国現代詩史をそえて

『チキン・ポエッツ』

かつて恐怖の毛沢東時代が終わったとき、中国はロマン主義詩の時代を迎えた。一九七六年の毛主席死去後には、文化大革命を批判し経済再建のための改革・開放を主張する鄧小平派が主導権を握るのだが、その直前には第一次民主化運動が勃興している。文革・紅衛兵世代の青年たちは下放先（〝下放〟、シアファン、かほう、党幹部・学生が農村や工場に入り農民・労働者への奉仕の精神を養うための運動）の農村でその悲惨な現実を知り、毛沢東思想と共産党イデオロギーに挑戦するまでに成長していたのである。

この転換期の情念を最も繊細かつ雄弁に語ったのが、紅衛兵世代による新詩運動であった。彼らは民間雑誌『今日』を創刊、「過去はすでにして過ぎ去り、未来はなおも遙か彼方にある。われらが世代には、今日、今日があるのみ！」という言葉を掲げ、八〇年九月に発禁処分を受けるまでに、ガリ版刷りで九号を刊行した。『今日』の主宰者であった北島（ベイタオ、ほくとう、一九四九〜）は、文革末期の第一次天安門事件（一九七六年一月）を「卑劣は卑劣な者どもの通行証／高尚は高尚な者たちの墓碑銘／見よ、あの金メッキされた空に／逆さに漂い満てる死者たちの湾曲した影を〔中略〕／世界よ、きみに告ぐ／わたしは信――じ――ない！／たとえ戦いを挑んだ一千の者たちをお前の足下に踏みしだいていようと／わたしが一千一人目となろう」と唱った（「回答」是永駿編・訳『北島詩集』書肆山田、二〇〇九年）。そして北島《ベイタオ》の盟友であった芒克（マンク、ぼうこく、一九五〇～）はその翌年、「わたしの切ない思いは／明日あるいは未来／開墾のためにここへ／わたしを哀悼するためにここへ来た人々を／見とどけること」と記した（「荒野」是永駿訳）。

学生たちはこぞって今日派の詩を暗唱し、全国のキャンパスには朗誦する男女の声が木霊した。やがて八〇年代半ばとなると、大群の新世代詩人が現れて反文化、反理性、反抒情、そして甚だしくは反詩を唱え、北島《ベイタオ》たちの打倒さえ叫んだ。上海の「実験」派、四川省の「莽漢《もうかん》」派らは、あるいは「まっとうな口語で詩作し、日常生活に奇妙で不思議な色彩を与えよう」と主張し、「鍛冶屋や大足の農婦を描き、労働者に献じるべく酒場で朗読」し、キャンパスの詩人たちは流れるような都市のイメージと少女の跳躍を歌った。中国の現代詩では、建国以前のモダニズム詩人群を〝第一世代〟と称し、北島《ベイタオ》や芒克《マンク》ら文革中に青春を過ごし、七〇年代から詩作を開始した人々を〝第二世代〟、その後を継いで八〇年代に登場した新人を〝第三世代〟と称している。

しかしあの悲惨な一九八九年六月四日「血の日曜日」事件を境に、中国の現代詩はかつての熱気を失っていく。北島《ペイタオ》ら多くの詩人が国外に亡命し、顧城（グー・チョン、こじょう、一九五六～一九九三）がニュージーランドで妻を斧で斬り殺して無理心中するという凄惨な事件まで生じた。中国に残った芒克《マンク》らはしばしば公安当局に拘留されあるいは投獄され、詩の雑誌は発禁の憂き目にあった。さらに九二年以後の市場経済化の再発進により文芸、とりわけ詩はいよいよ周縁化していったのである。

さて『チキン・ポエッツ』はこんな中国八〇年代詩の栄光から転落した現代詩人の物語である。欧陽雲飛（オウヤン・ユンフェイ）は北京到着便の機内で手荷物を間違えて身分証明書を失い、空港警察の尋問に対し無職の詩人と答えて警官の失笑を買う。三年前から詩が書けなくなっている詩人のアイデンティティ危機が示唆されるのだ。そんな彼の身元引受人となったのが、かつての詩人仲間で、今は黒鶏というヘルシー地鶏の養鶏ビジネスを経営する陳小陽（チェン・シアオヤン）。この北京発着便が頭上をかすめていく郊外の街で、欧陽《オウヤン》は陳《チェン》の養鶏を手伝ううちに、ホテル従業員の方芳（ファンファン）からなくした鞄と身分証明書を受け取り、やがて彼女と恋仲となる。色盲の方芳《ファンファン》にはこの街は白黒にしか見えず、彼女はスチュワーデスとなって外の世界へ飛んでいきたいと願うが、採用試験に合格できない。そんな彼女に再び詩を書くよう励まされるうち、欧陽《オウヤン》はある夜、闇商人から詩作教授の海賊版ＶＣＤを一〇元で購入し、そこからプリントアウトしたコピーまがいの詩で一躍有名となる。

ソフィスティケーション、ファッション・モード／香水、コーヒー、カラオケＤＶＤ／マイカー、

マイホーム、株買いも忘れるな／……デートをすれば、世界とつながる／甘くて蜜のような僕らの
暮らし／詩のような、とは僕らの暮らし

結局、欧陽《オウヤン》は世間に忘れられることを恐れ、詩人として成功したかったのだ。しかしある日突然、陳小陽《チェン・シアオヤン》が蒸発し黒鶏に疫病が発生して鶏舎は焼き払われてしまう。そして方芳《ファンファン》も飛行機に乗って海南島に去ってしまうのだった。

孟京輝（モン・ジンフイ、もうきょうき、一九六四〜）監督の映像は時に詩人（陳建斌《チェン・ジエンビン》）と方芳《ファンファン》（秦海璐《チン・ハイルー》）を繰り返し平衡状態でカメラの前を過ぎらせるタルコフスキーの手法を取り、時に小津映画のように無意味な問答を繰り返し、時にフェリーニのように双子を登場させる。過去の名作を自由自在に引用して、不条理感覚、焦燥感を描き出していく。ポストモダニズムの乾いた映像がきわめて効果的である。

それにしても、冒頭にマヤコフスキーの肖像を映し出して落涙せしめ、末尾で三一歳となった欧陽《オウヤン》が同じ歳のマヤコフスキーに倣って坊主頭になるのはなぜか。世紀末の一八九三年グルジアで生まれたこの未来派詩人は、一九一七年のロシア革命を「千ページの／時間の本でも／革命の日々は歌えない／町に出よ、未来主義者よ／鼓手や詩人たちよ」と宣伝し、革命後は「同志」レーニンを賛美するいっぽうで、共産党官僚主義批判の詩作を続け、一九三〇年に謎のピストル自殺をした。マヤコフスキーとはソビエト・ロシアの英雄詩人であり、芸術と革命との断崖の間に張られた綱を渡るうちに転落した天才芸術家

である。亀山郁夫の『ロシア・アヴァンギャルド』（岩波新書、一九九六年）によれば、ソ連崩壊後にはスターリンによる詩人暗殺説も出ているという。

だが現代中国市場経済社会での出世を願う詩人くずれには、アイデンティティの回復もままならず、革命ソ連の栄光と悲惨とに生きた詩人を、せいぜい坊主頭になって模倣するのが精一杯なのだ。映画の原題は『像鶏毛一様飛』で、訳せば「鶏の羽根のように飛ぶ」となる。高度経済成長の中国では、詩人のなれの果てはニワトリの羽根のように吹き飛ばされていくということであろうか。それにしても孟京輝《モン・ジンフィ》は「無用者の詩人」をさらに突き放して描けなかっただろうか。

〔二〇〇二年一一月〕

DATA
『チキン・ポエッツ』 原題／像鶏毛一様飛　監督／孟京輝（モン・ジンフイ） 出演／陳建斌（チェン・ジエンビン）、秦海璐（チン・ハイルー）、廖凡（リアオ・ファン） 製作／二〇〇二年

# 友情と愛情の久しきこと天地の如く
## ——『在りし日の歌』が描く改革・開放と一人っ子政策の三〇年史

『在りし日の歌』

『在りし日の歌』（原題『地久天長』）は現代中国の〝天地〟と改革・開放三〇年の〝長久〟の歴史を舞台に、片や上昇し片や没落する二組の夫婦およびその五人の子供たちの喪失と成熟を描く長篇映画である。物語はこの〝天地長久〟の舞台をフラッシュバックしつつ進行するので、私たち外国人はおろか、恐らく中国人でも「九〇後《ポスト・ナインティーズ》」以後の若者にはわかり難いところがありそうだ。そこで本稿では、時系列に従い物語を再構成しつつ、文化的・社会的背景を考えることにしたい。

劉耀軍（リウ・ヤオジュン）と王麗雲（ワン・リーユン）、沈英明（シェン・インミン）と李海燕（リー・ハイイエン）の二組の夫婦は共に北方内陸部の工業都市にある国有企業で働く労働者仲間で、一九八〇年代初期の同じ日に男児を授かり、赤ちゃんの劉星（リウ・シン）、沈浩（シェン・ハオ）に義兄弟の契りを結ばせ、それぞれ相手の息子の義理の父母となる。当時の国有企業労働者は給与待遇や福利厚生面でも中の上の恵まれた生活を送っていた、とはいうものの、現代人と比べると遙かに清貧の暮らしで、家族用宿舎は狭く台所は共用であったが、その分、人情厚き同僚近所付き合いをしていたのである。なお中国では一般に結婚後も夫婦別姓で、子供は父親の姓を名乗る。

　中国の人口は一九四九年の人民共和国建国時には約五億といわれていたが、一九五三年に最初の国勢調査が行われると、すでに六億を超えていることが判明、しかも社会学者馬寅初（マー・インチュー、ばいんしょ、一八八二〜一九八二）の調査によれば、毎年一三〇〇万の人口増があり、増加率は三パーセントに迫るものと推定された。建国後の結婚ブームに加えて、社会の安定化により死亡率が激減し、人口爆発が起きていたのである。馬《マー》自身にも二人の妻との間に七人の子と一四人の孫がいた。

　生産力の発展には高速度の工業化が不可欠で、工業化に必要な資金は国民所得の蓄積から供給すべきところだが、国民所得の半分以上は六億人の食い扶持となって消えてしまう――この現実に対し馬寅初《マー・インチュー》は根深い家督相続観念に対する啓蒙と晩婚・避妊とによる計画出産を提唱したが、アメリカやソ連との戦争を予測していた毛沢東の「六億の人口は決定的な要素である。人が多ければ議論も多く、熱気も溢れ、士気も高い」（一九五八年六月「ある合作社を紹介する」）という論理により批判され失脚した。馬《マー》が名誉回復するのは毛沢東逝去と文革終結の一九七六年からさらに三年後のことで、その間に人口は六億五〇〇〇万から一〇億に増加していた。かりに二〇年前に馬寅初《マー・インチュー》の「新人口論」に耳を傾けていればば……という苦い思いを込めて、中国では「一人を間違い批判して、三億増の大誤算（錯批一人、誤増三億)」と言われたという。こうして一九八〇年には共産党は一人っ子政策と通称される厳しい人口抑制政策を大々的に執行するに至る。

麗雲《リーユン》が第二子を懐妊した時—それは一九八六年である—、耀軍《ヤオジュン》は秘かに出産の可能性を探るものの、一般労働者から計画出産委員会副主任という管理職に出世していた海燕《ハイイエン》により強制的に妊娠中絶手術を受けさせられ、しかも医者のミスにより二度と妊娠できない身体になってしまう。李《リー》主任に従う屈強な労働者たちが抵抗する耀軍《ヤオジュン》をねじ伏せ、妊婦の麗雲《リーユン》を拉致していく場面は衝撃的である。

中国は社会主義体制下の国有企業に対し、改革・開放当初の一九八〇年代には経営請負制度を導入、市場経済化が提唱された九〇年代には民営化を推進し、二〇〇〇年代に入ると合併や公的資金導入による強大化を進めてきた。九〇年代の民営化時期には〝親方日の丸〟ならぬ〝親方五星紅旗〟の非効率的な国有企業が外資系企業などとの競争に破れ、労働者の大量〝下崗《シアガン》(リストラ)〟を余儀なくされている。海燕《ハイイエン》は中絶手術の強制執行を個人的にはすまなく思い、耀軍《ヤオジュン》、麗雲《リーユン》夫妻を〝労模《ラオモー》(〝労働模範〟の略称、模範的労働者)〟として表彰されるように取り計らっていたが、彼らの工場にも〝下崗〟の嵐が吹き寄せると、〝労模〟が率先してお手本を示せということで、麗雲《リーユン》が最初のリストラ組に入れられてしまう。かつて賑々しく〝労模〟の栄誉称号授与式が開催された工場大講堂では、経営側が「お国の危機には、匹夫《ひっぷ》(一般人のこと)に責《せき》有り」と連呼しながらリストラ組を発表すると、点呼された労働者が怒り狂って次々と檀上に駆け上がり経営陣に詰め寄るのであった。

改革・開放の進展にともない、人民共和国独特の都市制度としての〝単位《ダンウェイ》〟共同体が崩壊している。一九四九年の建国以来、都市民はすべて何らかの〝単位〟に属し、給与・住居・年金などはいっさい〝単位〟が供与し、誕生から死まで面倒を見ており、〝単位〟は共産党および国家の基本的組織となってきた。民国期までの伝統的大家族制度を大中小の工場・会社規模に拡大したものと想像すればよいだろう。この〝単位〟社会が、改革・開放政策による市場経済の浸透とともに、音を立てて崩れ始めたのが九〇年代なのである。麗雲《リーユン》の〝下崗〟は、〝単位〟崩壊の第一歩であったのだ。

耀軍《ヤオジュン》、麗雲《リーユン》夫妻にとって最大の悲劇は、一九九四年のひとり息子星《シン》の死である。星星（シンシン）という愛称で大事に育てられて一〇歳ほどになった星《シン》が、義兄弟の浩《ハオ》と共に貯水池で遊んでいるうちに溺死したのだ。悲しみに打ちひしがれた耀軍《ヤオジュン》、麗雲《リーユン》夫妻は、翌年には北方の工業都市を去って南方の小さな漁港に移住し、夫婦個人営業の修理工場を開く。九〇年代において、かつてのエリート労働者の移住先といえば、広東省深圳《シェンジェン》市など南方の新興工業都市であったというのに、この夫婦が新生活の場を誰ひとり知る人もいない、地元の方言も聴き取れない小さな港町に定めたのは、孤児院から養子をもらい、彼を星星《シンシン》と呼んで育てるためであったのだろう。しかし第二の星星《シンシン》は高校生ともなると、死んだ星星《シンシン》の身替わりの人生を嫌い、養父に反逆して家出してしまう。暴走族風の不良仲間を引き連れて養父母の町工場兼住居の周囲で騒ぐ星星《シンシン》に対し、耀軍《ヤオジュン》は養子の本名で登録された身分証明書と当座の生活費を渡す。養子の星星《シンシン》が去り際に養母の麗雲《リーユン》に向かい、ガバッと土間に伏して叩頭《こうとう》（跪いて額を地面に打ちつける最敬礼）する場面は印象深い。

妻と寂しく暮らしていた耀軍《ヤオジュン》の携帯に英明《インミン》の妹の沈茉莉（シェン・モーリー）から電話が入り、会いに行きたいと言う。彼女は高卒後、一旦は労働者となり耀軍《ヤオジュン》の弟子として技術を研いたことがあり、その後、大学に進学した後も、耀軍《ヤオジュン》に対し慕情を抱いていたのだ。星星《シンシン》が溺死した年の大晦日には、中国の年越しには必須の水餃子を弁当箱に入れて届けたこともあった。港町の簡素なホテルの部屋を訪ねて来た耀軍《ヤオジュン》に向かい彼女は、アメリカに渡る前に、ひと目会いたかったの、と告げる……。甥の浩《ハオ》は大学二年生で、兄嫁の海燕《ハイイエン》はとっくに早期退職して家でブラブラしている、という彼女の言葉から、時は二〇〇〇年代初頭のことだろうと推定される。

ちなみに大学卒業者数は改革・開放当初の一九八二年には四五万人であったものが、二〇〇二年の一三四万人へと二〇年間で三倍増しているが、一九九九年の定員大幅拡大を受けて、二〇〇三年には一八八万人と前年比四割増し、二〇〇九年の五三一万人へとわずか七年間で四倍増した。大学進学率も約三〇年間で二・三パーセントから二〇〇七年の二三パーセントへと激増した。茉莉《モーリー》はこのような大学市場経済化の潮流に乗り、大学進学を果たしたのであろう。

その後、再び港町に現れた茉莉《モーリー》は耀軍《ヤオジュン》の子供を妊娠しており、義姉が麗雲《リーユン》に中絶手術を強制したこと、そして甥と遊んでいた星《シン》が溺死したことについてすまなく思っており、渡米は延期して出産することもできる、と麗雲《リーユン》に話してほしいと語る。しかし重い口を開いた耀軍《ヤオジュン》は、三人にすまない、と言ってその名を一つずつ挙げていく……

北方の街ではリストラ開始以前に工場を辞めて独立して働いていた英明《インミン》は、今では不動産会社経営者となって裕福な暮らしを送っていたが、妻の海燕《ハイイエン》は脳腫瘍で死期が迫っており、ひと目耀軍《ヤオジュン》、麗雲《リーユン》夫婦に会いたい、呼び寄せてほしい、と夫に懇願する。またふたりの息子の浩《ハオ》は優秀な青年医師となっており、妻の出産を間近に控えていたが、義兄弟星《シン》の溺死をめぐり、ある秘密を胸の内に抱え込んでいた。南方から里帰りした耀軍《ヤオジュン》、麗雲《リーユン》夫婦は、昔の懐かしい仲間たちと再会をはたすが、そこでは意外な展開が生じるのであった。

なお〝単位〟社会における住宅不足や住環境の悪化に対応するため、共産党政権は九〇年代には住宅市場経済化を開始して、公有住宅の払い下げや一般商品住宅の建設・販売を促進した。こうして住宅産業は中国の主要産業の一つとなり、不動産会社はバブリーな業界となっている。

このように本作は改革・開放三〇年史を描きながら、一人っ子政策による強制中絶手術で失われた胎児、溺死した星《シン》、身替わり養子の身分を棄てる第二の星《シン》、耀軍《ヤオジュン》と茉莉《モーリー》との間の子供、そして英明《インミン》と海燕《ハイイエン》の子供で義兄弟星《シン》の死をトラウマとして抱えてきた浩《ハオ》という五人の子供の喪失、そして両家の親（義父母）らの愛により再生する子供たちの物語を語っているのである。

映画の中国語原題『地久天長』はスコットランド民謡「オールド・ラング・サイン」の中国語訳である。日本ではこのメロディーは「蛍の光」として親しまれているが、稲垣千穎作詞による歌詞は「蛍の光、窓の雪、書読《ふみよ》む月日、重ねつ、……」と学校の同級生、同期生との別れを歌っており、卒業式にふさわしい。しかしスコットランド民謡は、永久の友情のために別れの盃を飲み干そう、という送別の酒宴の歌であり、中国語訳もほぼそれに近い。映画の中では「友情は天地の如く長久《とわ》に変わらず、古き友よ、良き時代をいかに忘れられようか」と歌われている。つまり工場労働者仲間の友情を歌いあげるものであり、さらには養父母や子供たちとの間の人情を歌う歌でもあり得よう。文化大革命（一九六六〜七六）終息後、長年集団で遠い農村に送り込まれていた元の高校生たちが、三々五々、故郷の都会へと帰って行く時、去る者、残る者が別れの歌として歌ったものだ、とも本作では語られている。

友情、愛情は天地の如く長久に変わらず……改革・開放三〇年は、中国の庶民にとって大激動の歴史であったが、仕事仲間、大家族の間の友愛は信じたい——そんな祈りを王小帥（ワン・シャオシュアイ、おうしょうすい、一九六六〜）監督はこの映画に込めているのではないだろうか。

（二〇二〇年四月）

DATA

『在りし日の歌』 原題／地久天長 監督／王小帥（ワン・シャオシュアイ） 出演／王景春（ワン・ジンチュン）、咏梅（ヨン・メイ） 製作／二〇一九年

# 民主化の展望を失った寂しい「超大作」——張芸謀監督『英雄』

『英雄』

張芸謀（チャン・イーモウ、ちょうげいぼう、一九五〇～）監督の新作『英雄』が、二〇〇二年末から翌年始にかけて中国で大ヒットしたという。この映画は春秋戦国時代（紀元前七七〇～前二二一）の趙の国の刺客が、武芸と謀略とを駆使して秦の始皇帝暗殺を試みるという武俠《ぶきょう》映画である。ちなみに中国の武俠映画とは、日本の忍者ものとチャンバラ映画を併せたようなものだ。

紀元前一〇五〇年頃に殷王朝を倒した武王が周王朝を開き、王族や功臣を諸侯として各地に封建し土地と民を支配する封建制度を確立した。だが周は前七七〇年に内乱で滅び、太子が東の成周に逃れて東周と称されたが、もはや周王室に力はなく、有力諸侯による戦乱が続く春秋戦国時代が始まったのである。

春秋戦国前半の春秋時代には一四〇もの小国が分立していたが、やがて魯・斉・曹・衛など有力一二諸侯が台頭し、前四五三年に大国晋が家臣三家に三分されて韓・魏・趙となって後半の戦国時代が始まると、この三国に加えて楚・斉・燕・秦が戦国の七雄と称され、天下統一を争うこととなる。西方の秦は前四世紀半ごろから法治主義による富国強兵政策や騎馬戦術を採用して強大化し、前三世紀には東へ南へと兵を進めて各国を滅ぼし、前二四六年に即位した政王が二五年後に中国統一を果たし、中国史上で初代皇帝である始皇帝と称したのである。その間には長平の戦いで降伏した四〇万の趙兵を一夜で坑《あな》埋めにして殺し、各国の兵から恐れられてもいる。

始皇帝は度量衡・貨幣・文字を統一し、交通網を整備して中央集権の大帝国を完成していくが、そのいっぽうで大規模な土木工事や対外戦争に農民を動員したため、農村反乱が激化し、前二一〇年に始皇帝が没すると秦朝はわずか三年で滅亡した。始皇帝による統一戦争の最中には、衛人の荊軻《けいか》が燕の太子から国難を救うため始皇帝暗殺を依頼され、燕に亡命していた秦将の首と燕の地図とを携えて始皇帝に拝謁、巻物の地図の中に隠した短刀で刺殺しようとして失敗し、殺されるという事件も起きている。陳凱歌（チェン・カイコー、ちんがいか、一九五二〜）監督の映画『始皇帝暗殺』（原題『荊軻刺秦王』一九九八）は、この事件に基づくものである。

さて張芸謀《チャン・イーモウ》の『英雄』は、秦の剣客無名（李連杰、ジェット・リー）が始皇帝に召し出され、いかに秘策を尽くして趙の三大刺客を討ち取ったかという武勇談を淡々と語るところから始まる。残剣（梁朝偉、トニー・レオン）と飛雪（張曼玉、マギー・チャン）との男女の剣客は相愛の仲でござりましたので、密計により二人の仲を裂き、嫉妬に狂う飛雪に残剣を殺させ、その飛雪も計略にて討ち取りまして……という迫真の物語では、当然のことながら李連杰《ジェット・リー》による殺陣《たて》の名場面が展開する。剣客たちが山中の湖面を飛び回りながら決闘する場面は、荒唐無稽を通り越して幻想的でさえある。

執拗に命を狙うこれらのテロリストに悩まされていた始皇帝は、広大な宮殿の遙か離れた座にて物語る無名に「近《ちこ》う寄れ、もっと近う寄れ」と一〇歩の距離まで近づくことを許す。すると玉座の前の数百の炎がいっせいに無名から始皇帝に向かってなびくのだ。すわこそ殺気と、怪しむ皇帝はかつて残剣と飛雪が秦国三〇〇〇の近衛兵を切り倒して宮殿に乱入したものの、残剣が皇帝と一〇合と剣を合わせぬうちに呆けたように立ちつくし、皇帝が難を逃れ得た体験を語るのだった。

すると、残剣は陛下にお目見えすることにより、暗殺が無意味であることを悟ったのでございます、と無名はそれまでと全く異なる物語を語り始める。実は無名は趙国の出で、始皇帝の趙への暴虐に憤って暗殺を決意し、一〇歩の距離から飛びかかる必殺技を一〇年がかりで修行、始皇帝へのお目通りを得るために無名よりも遙かに深く剣術の道を究めた三剣客の命を所望し、三剣客も暗殺の望みを無名に託して自ら無名の剣に切られたというのだ。こうして始皇帝拝謁の機会を得た今こそ、自分もかつての残剣の心境が得心できた、天下統一の大義のため個人の怨みや趙への愛国心は忘れて始皇帝を許さん、その代わりに法治をお約束いただきとうござる……

宙を飛ぶ張曼玉《マギー・チャン》の華麗な衣装や、黒衣《こくい》の文武百官がひれ伏す大宮殿など、印象的な場面も多いのだが、この映画は香港ではすこぶる評判が悪い。たとえば映画評論家の石琪は「美装の武俠映画で政治宣伝」「統一のためには強権に屈従すべきか」という批判を発表し、暴政の秦は自滅して、仁政の漢王朝によって中国は真に統一されたと説いている（『明報』二〇〇二年一二月二三、二四日）。折しも中国では国会にあたる全国人民代表大会（全人代）が二〇〇三年三月五日に開幕、国家主席に胡錦濤・共産党総書記が就任するなど、江沢民・胡錦濤体制が固まってきた。現行の共産党独裁体制以外に選択肢が見あたらぬ中国人は、新主席に法治の良心を期待しているのだろう。これに対し人権意識の強い香港人は、強権への投降に反対しているのだ。

香港の高級紙『信報』でも、蒲鋒が第五世代の「投降」ぶりを次のように指摘している。

> 始皇帝暗殺の物語は、特に第五世代の監督を魅了してきた。以前には周暁文（ジョウ・シャオウェン）が『異聞・始皇帝謀殺』（原題『秦頌』一九九六）を撮り、次には陳凱歌《チェン・カイコー》の『始皇帝暗殺』が現れ……三監督ともこの物語に深く興味をそそられ、しかも始皇帝は常に超人的な力を発揮して、刺客に計画実現を困難にさせているのは、専制政権に対する一種の無力感と妥協とを強く反映しているのであろう。

蒲鋒はさらに同じ張芸謀《チャン・イーモウ》監督の作品でも、『英雄』からは『紅いコーリャン』の抗日戦争の心意気は失われており「中国人が過去の外敵に向かうときと面前の専制とに向かうときとの異なる心理を反映するもの」と批判している。
たしかに秦の法とは独裁者の始皇帝が人民に賜ったものであり、その独裁者に遵法を約束させたとて、皇帝独裁を牽制することにはなるまい。荘重な宮殿における対話が心理劇を盛り上げるいっぽう、回想場面として華麗な殺陣が展開する『英雄』は、民主化への展望を失い、共産党独裁への批判精神を摩滅させた寂しい「超大作」といえよう。

〔二〇〇三年五月〕

DATA
『英雄』 監督／張芸謀（チャン・イーモウ） 出演／李連杰（ジェット・リー）、梁朝偉（トニー・レオン）、張曼玉（マギー・チャン） 製作／二〇〇二年

## 中国の大奥ものドラマ『延禧攻略』にはまってしまって

『延禧攻略』

「もっと中国のテレビ・ドラマを見るべきだ……ドラマが中国の現実をある程度反映しており、現代中国人の情念と論理を知るためには、文学や映画と並んで重要」は私の持論であり、二〇一八年以後、二年間の人民大学と南京大学に滞在中には、夜は餃子などを宿舎に持ち帰り、動画サイトの愛奇芸でドラマを見ながら食べることにしていた（その際には環境問題に留意して、残り物持ち帰り用のプラスチック箱を再利用していました）。

こうして『好先生』（アメリカ修業中に親友と味覚を失った名シェフの物語）と『急診科医生』（アメリカ帰りの若い女医を主人公とする救命救急チームの物語）を断続的に延べ四カ月かけて見終えた。どちらも全四十数回で、全一〇〇回未満の日本のドラマと比べると大長編と称せよう。そして意外にも第三作目は清朝の乾隆帝の後宮を舞台とする『延禧攻略』となった――これまで私は、時代劇には時代考証もいい加滅なものがある、という偏見を抱いていたのだが。

昼食時には私は学食のテーブルで新聞をながら読みしているのだが、二〇一八年九月に偶々週刊新聞『南方周末』で同作主役俳優への長文インタビューを見かけた。翌日、ある院生さんにこのドラマ、そんなに良くできているの？　と聞いたところ、自分の友人ははまってしまって、週末には朝から晩まで見ていた、自分は中毒になるといけないので、見ないように心がけています、とのことだった。その夜、ちょっと見るだけ、と『延禧攻略』をダウンロードしたところ、私もはまってしまい、二カ月ほどの短期間、現代ものドラマの倍の速度で全七〇回の大長編を見終えてしまったのだ。ちなみに一回のドラマは四五分である。

日本でも一九六〇年代以来、大奥ものと称される女性時代劇の映画・ドラマが製作されている。大奥とは江戸時代（一六〇三〜一八六七）の江戸城の御殿の一部で、徳川幕府の主宰者である将軍と将軍の世子および大御所（隠居した元将軍）の妻と側室の住居のことである。大奥もの映画はエッチなものが多く、ドラマは女たちの権力闘争を描くことが多いというが、私自身は子供の頃にドラマを少し見た程度である。

日本の大奥ものも知らず、清朝の歴史にも不詳の私には、中国の女性時代劇ドラマ（〝宮闘劇〟と称される）を語る資格はないのだが、ひと言だけ感想を述べてみたい。

まずはあらすじを紹介しよう。

乾隆六年（一七四一）、若き魏瓔珞（ウェイ・インルオ、ぎょうらく）は長姉の死の真相を探るため、紫禁城の刺繡係の宮女となり、内偵捜査により姉の死は乾隆帝の弟で放縦な弘昼（ホンジョウ、こうちゅう）らと関係があることを突き止め、彼女を愛する御前侍衛で富察皇后の弟の富察傅恒（フーチャー・フーホン、ふさつふこう）らの助けも得て、復讐を始める。富察皇后は自由奔放な魏瓔珞の性格を愛して、自分の側近女官として彼女を抜擢し、礼儀作法や琴棋書画を教え、寛容であれと諭し、魏瓔珞から母と慕われるが、皇后の幼子は貴妃らの権力闘争の犠牲となり、皇后自身も自殺に追い込まれてしまう。魏瓔珞は持ち前の知力と度胸と美貌、そして皇后より授かった教養を武器に、権謀術数が渦巻く紫禁城で巧みに出世しつつ、皇后と姉と二人の同僚宮女のために数々の復讐を成し遂げ、遂には富察皇后の遺嘱通りに新しい皇后となって、乾隆帝が明君となるのを輔佐するのであった。

紫禁城とは清朝の宮殿で、現在の故宮であり、巨大な敷地は厳重に警備されていた。その七二万平米という面積は、東大本郷地区キャンパス五六万平米よりも大きい。この巨大な密室で、ライバルを陥れるための盗難事件から、皇族による宮女レイプ殺人事件や皇太子怪死事件が次々と生じ、これを魏瓔珞が推理捜査し、時には心理作戦で真犯人を誘き出していく――この探偵ドラマの要素が『延禧攻略』の第一の見どころであり、この点では魏瓔珞は正真正銘のヒロインである。

ところが魏瓔珞は出世し乾隆帝の貴妃となっても成熟することなく、名探偵にあらざる時にはいたずら娘である。この役を女優の呉謹言（ウー・ジンイエン）が凛々しくかつ愛らしく演じてはいるのだが、それと比べても富察皇后はその知性・気品・美貌・慈愛の情において魏瓔珞を凌ぎ、まさに物語のヒロインとして描かれている。しかし途中で元側近女官で皇后の弟傅恒に嫁した爾晴（アルチン、じせい）の背信行為に衝撃を受けて自殺してしまうのであった。私はこの場面を見ていて、今後は物語が成り立つのだろうか、と思わず心配したほどである。その後、着々と亡き皇后のための復讐を進める魏瓔珞の背後に、視聴者は皇后の霊を見続けることになる――この二人のヒロインの母娘愛や姉妹愛にも似た関係が『延禧攻略』の第二の見どころである。

魏瓔珞の活躍により、名門出身にして知性・気品・美貌を備えながら、残忍極まる権謀術数を駆使する貴妃たちが破れ去っていく場面は壮快ではある。この貴妃たちの愛欲のための闘いが第三の見どころではあるのだが、勧善懲悪の繰り返しを見ているうちに、私は次第にこの悪女たちに対する同情を禁じ得なくなってきた。

一族の利益を図る閨閥形成のため、父や兄弟たちにより紫禁城に送り込まれてきた貴妃たちは行動の自由はおろか、私有財産処理の自由さえも制限され、多くのライバルと競合しながら皇帝の寵愛を得て男児を産み、息子を世継ぎにすることが唯一の希望なのである。信頼できるのは側近女官のみであるが、それもほかの貴妃により謀殺されたり女官自身が謀反を企むこともある。この巨大な密室における高圧力の人間関係に、彼女たちが良識や良心を失い、残酷な陰謀を企てるに至る点には大いに同情の余地があろう。

そして最大の問題は、臣民の幸福のために激務をこなす聡明にして精力絶倫なる皇帝が、このような紫禁城の不条理を一顧だにせぬことである。いかに文武両道のイケメン明君であろうと、富察皇后は彼を頂点とする巨大密室の不条理に絶望して自殺したのであろう。そしていかに魏瓔珞が名探偵であろうと、常勝の彼女には却ってこの紫禁城の秘密を解くことはできず、富察皇后の身を挺しての抗議も十分には理解できないのであろう。

ドラマ最終回は、新皇后に昇進してもなおも愛らしき魏瓔珞と、中年の魅力に溢れる皇帝とが抱擁しあう場面で終わるが、これはハッピーエンドに見えるいっぽうで、紫禁城システムに対する鋭い風刺にも見えるのではないか……私は全七〇回完走の喜びに浸りながら、こんなことまで考えさせてくれる『延禧攻略』はやはり名作ドラマだな、と思った次第である。

〔二〇一九年二月〕

# 〝老外漢学家（老人外人中国文学者）〟が読む現代北京の〝老炮児〟と民国期の閨土

『老炮児』

中国の若者は、時々バスや地下鉄で私に席を譲ってくれる。東京では滅多にないことだ。〝老外（外人さん）〟と思ってのことなら、〝哈中族（中国大好き派）〟の私としては面映ゆく、〝老人家（ご老人）〟と思ってのことなら、「まだまだ若いぜ」という気負いもあり、〝不用，不用，您坐，您坐（結構、結構、あなたがお掛けなさい）〟と断っていた。それでも〝花甲（還暦）〟の年を過ぎると、若者たちの好意は有り難く受け取ろうという気持ちになった。文字通りの〝老老外〟となったせいだろう。そのようなわけで、北京の元不良老人を主人公に据えて話題を呼んだ中国映画『老炮児』を見ることにしたのだ。

二〇一五年の年末一週間を中国で過ごした私は、この映画を南京で二回鑑賞している。一度目は二、三時間の暇を潰そうと出かけて行った南京随一の繁華街新街口で偶然見たのだ。主人公の老六（ラオリウ）は私と同年輩、彼の若者たちに対する、これが〝规矩（決まり）〟だ、という説教にもフムフムと同感し、頤和園の裏の凍りついた野湖での械闘場面―ちょっとドン・キホーテ風だけど―には目頭が熱くなった。さすがは馮小剛（フォン・シャオガン、ふうしょうごう、一九五八～）監督、主演俳優になっても、観衆を笑わせ泣かせてくれるもんだ、と満足してスクリーンを後にしようとして驚いた――満席の観衆はほとんど若者、しかもこれはクリスマスイブの夕方だというのに。北京の元不良老人の繰り言に、南京の若者がクリスマスに最後まで耳を傾けている、という光景に驚いたのだ。

中国の若者には『老炮児』の何が面白いの？　という疑問を解こうと思い、翌日も映画館に足を運んだのだが、〝老外漢学家〟の胸に浮かぶことといえば、ああ、懐かしき北京の胡同、というようなノスタルジーである。一九七九年に私が第一回日中政府間交換留学生として中国に留学した時には、老六《ラオリウ》が住むような胡同は北京の至るところで見ることができた。当時の街で知り合う北京人は若い〝老外〟が中国語を理解すると知ると、六〇年代から七〇年代までの苦労話をたくさん話してくれたものだ……

映画館でそんなことを考えているうちに、老六《ラオリウ》がしばしば若者たちに向かって説く〝规矩（決まり）〟という言葉が気になってきた。若き日の老六《ラオリウ》が不良をしていた一九七〇年代とは鄧小平時代が始まった頃のこと、その時に登場した改革・開放経済体制は、九〇年代には市場経済体制へと展開していく。老六《ラオリウ》が守ろうとする〝规矩（決まり）〟とは、この七〇年代から八〇年代にかけて形成された庶民の倫理なのだろう。そして私が〝规矩（決まり）〟という中国語を学んだのも、この七〇年代のことだった。それは魯迅の小説「故郷」に出て来た言葉である……

語り手の「僕」は故郷の地主屋敷で三〇年ぶりに幼馴染みの農民閏土（ルントウ）と再会し、昔のように〝闰土哥（閏兄ちゃん）〟と呼びかけるが、閏土《ルントウ》が〝老爷！（旦那様！）……〟と答えたため、「僕」は〝我们之间已经隔了一层可悲的厚障壁了（二人のあいだはすでに悲しい厚い壁で隔てられている）〟と思い、〝打了一个寒噤（身ぶるい）〟する。脇から「僕」の母親が〝你怎的这样客气起来。你们先前不是哥弟称呼么？　还是照旧：迅哥儿（遠慮なんかしちゃいけないよ。二人は昔は兄弟同様の仲だったでしょう。これまで通り、迅坊っちゃんと呼んだらいいさ）〟と機嫌よく言うが、閏土《ルントウ》はこう応じるのだ。〝阿呀，老太太真是……这成什么规矩。那时是孩子，不懂事……（いやもう、大奥様は本当に……それじゃあ世の中の決まりはどうなっちまいます。あの頃は子供で、道理もわきまえず……）〟

思えば閏土《ルントウ》も辛亥革命（一九一二）による清朝滅亡から中華民国前半の軍閥割拠という大転換期を生きていたのだ。〝多子，饥荒，苛税，兵，匪，官，绅（子だくさん、飢饉、重税、兵隊、盗賊、役人、地主）〟そのすべてに苦しめられていると訴える閏土《ルントウ》が、地主の息子の「僕」に対し雇われ農民の〝规矩（決まり）〟通りに、と〝老爷！（旦那様！）……〟と呼び掛けるのは、地主は地主らしく小作人の暮らしに配慮せよという要求ではなかったろうか。「僕」と彼の母親は、苛酷な現実が閏土《ルントウ》を〝像一个木偶人了（木偶人《でくのぼう》にしてしまった）〟と考えるが、実は閏土《ルントウ》は〝规矩（決まり）〟の論理に従って雄弁に「僕」を説教していたのではないだろうか……

私が四十数年前の「故郷」読書体験を思い出しているうちに、二度目の『老炮児』は終わってしまった。老六《ラオリウ》が命をかけて北京の若者に教えようとした〝规矩（決まり）〟とは何だったのか。現代中国の若者が『老炮児』を好むのはなぜなのか。老外漢学家の宿題は終わっていない。

〔二〇一六年三月〕

DATA

『老炮児』監督／管虎（グワン・フー）　出演／馮小剛（フォン・シャオガン）、張涵予（チャン・ハンユー）、許晴（シュー・チン）　製作／二〇一五年

# 中国江南水郷の古都を美しくリアルに、溢れる立体感で描き出す傑作映画

『春江水暖～しゅんこうすいだん』

## （一）魯迅と江南の水郷──小説「故郷」と散文詩「美しい物語」

小説「故郷」は、魯迅（ルーシュン、ろじん、一八八一～一九三六）が今から百年余り前に書き上げた珠玉の短編である。語り手の「僕」は冬に小船に乗って二〇年ぶりに帰郷し、記憶の中の美しい故郷が今や寂寞の里に変じているのを見て胸が切なくなる。彼自身も没落した実家のために屋敷を処分し、母や甥を自分が暮らしている異郷の街へと迎え、故郷に永久の別れを告げるために帰ってきたのだ。すると「僕」の前には幼友達で今や貧困のためでくの坊のようになった農民・閏土（ルントウ）と、若い頃の豆腐屋の美しいお嫁さんから一変して厚かましい中年女性となった楊二嫂（ヤンアルサオ）とが前後して

現れるが……

「故郷」は日本でも中学三年の国語教科書のみならず、各種の文庫本にも収録されており、広く親しまれている。「僕」が離郷後の船中で自問自答して語る「希望とは本来あるとも言えないし、ないとも言えない。これはちょうど地上の道のようなもの、実は地上に本来道はないが、歩く人が多くなると、道ができるのだ」の一句は特に印象深い。

この小説「故郷」は魯迅のふるさとの古都・紹興《しょうこう》を舞台としている。紹興は上海の南西約二〇〇キロの水郷地帯にある江南の古都であり、江南とは中国第一の大河である長江の南岸地域を指す。この水郷地帯をめぐり、魯迅は「美しい物語」という散文詩で小船から見る春の風景を次のように描いてもいる。

岸辺の枯れ柳の下の数本の痩せた立葵《たちあおい》は、きっと村の娘が植えたのだろう。大きな赤い花と紅白斑《まだら》の花とは、水面に浮かび、にわかに散り、長く伸びて、細い頰紅《ほおべに》の流れとなるものの、絶えることない。茅屋《かやや》、犬、塔、村の娘、雲……もみな浮かんでいる。大きな赤い花は一輪ごとみな長く伸び、いまでは勢いよく奔出する赤い錦の帯である。帯は犬に織り込まれ、犬は白雲に織り込まれ、白雲は村の娘に織り込まれる……。一瞬のうちに、すべて収縮する。だが紅白斑の花の影もそのときには散っており、長く伸びて、塔や、村の娘、犬、茅屋、雲に織り込まれていく。

この水郷の情景は夢のように美しく、小説「故郷」の寒々しい風景とは対照的である。

## （二）もう一つの江南の古都——富陽の歴史と現況

前置きが長くなってしまったが、映画『春江水暖〜しゅんこうすいだん』の舞台である富陽《ふよう》は紹興の西隣にあり、富春江沿いに発達した水郷の古都である。紀元前二二一年に秦の始皇帝により県が置かれて以来二二〇〇年の歴史を持つ。

二〇一四年に富陽は浙江省省都の杭州《こうしゅう》（常住人口一〇三六万人）の直轄区となっており、陸地の面積は約一八二〇平方キロで、区とはいえ東京都の面積二二〇〇平方キロに近い広さである。常住人口は七四万、戸籍人口は六八万であり、東京の近郊に喩えれば霞ヶ浦であろうか。

富陽の二〇一八年の戸籍人口一人あたりの〝生産総値（GNPまたはGDP）〟は約一一万二〇〇〇元（約一七〇万円）という。この年の中国の一人あたりGDPが六万四六〇〇元であったことを考えると、富陽は中国では豊かな町といえよう。もっとも上海の一三万五〇〇〇元には及ばないが。

そして富陽区を直轄する大都会の杭州市は二〇二二年のアジア競技大会開催に向けて、都市再開発に拍車がかかっており、その勢いは周縁区の風光明媚な富陽にも迫っている。

このような富陽は、若き監督顧暁剛（グー・シャオガン、こぎょうごう、一九八八〜）のいとおしき故郷である。彼は深い愛情を以て富陽を描き出すに際して、老母と四人の息子、長男の年頃の娘と二男の結婚間近い息子、そして三男のダウン症で十代と思しき息子の三人の孫という一族を配するのである。

## (三)一族三代の物語——老母と四人の息子、そして三人の孫

顧《グー》監督によれば、四兄弟をそれぞれ中国料理店経営者、漁師、博打打ち、建築解体作業員とに配することにより、激変期を迎えた富陽を立体的に描き出そうとしたという(「グー・シャオガン監督に聞く」プレス用パンフレット一二頁)。

長男夫婦が経営するレストラン黄金大飯店は地元のさまざまな人々が集う場であり、外国人の映画観客には富陽の名物料理を目で楽しめるというものである。長男顧有富(グー・ヨウフー)は資金繰りに苦しみながらも、共同経営者の妻と育てあげた一人娘顧喜(グー・シー、幼稚園の保母さん)をお見合いで裕福な家の息子と結婚させたいと願っている。しかし娘は外国留学経験があり安月給の教員ながら美術教育に情熱を燃やしている江一(ジアン・イー)との恋愛結婚を選んで、両親に縁を切られてしまう。江《ジアン》をめぐっては顧喜《グー・シー》との富春江辺のデートの際にロングショットの水泳を披露するシーンがあり、そのような彼に「江一《ジアン・イー》」の姓名はお似合いである。

なお長男有富《ヨウフー》は再婚した母親白玉蘭(バイ・ユーラン)の連れ子であり、母の最初の夫の姓の「顧《グー》」を

名乗っている。中国では女性は結婚後も改姓せず、子供は父の姓を名乗ることが多い。

二男余有路（ユー・ヨウルー）が漁師というのはやや意外だが、そもそも自然豊かな富陽には隠者文学の伝統があり、「孤舟《こしゅう》蓑笠《さりゅう》の翁《おう》、独《ひと》り釣《つ》る寒江《かんこう》の雪」という唐の詩人、柳宗元の絶句「江雪《こうせつ》」が描くように、漁師とは世捨て人のアイコンであったのだ。顧《グー》監督にインスピレーションを与えたという山水画の傑作「富春山居図」の作者黄公望（ホアン・ゴンワン、こうこうぼう、一二六九〜一三五四？）も元代の富陽に隠れ住んだ隠者のひとりである。

有路《ヨウルー》は妻と共に川魚《かわうお》を獲っては兄の料理店などに納めており、清貧の暮らしながら、一人息子で製紙工場で働く陽陽（ヤンヤン）の結婚に備えてマンションを買い与えたいと願っている。

三男余有金（ユー・ヨウジン）は博打打ちで、彼を通じて観客は富陽の裏社会を垣間見ることができる。彼は一人でダウン症の息子を育てる優しい父親でもあり、名前は「有金」ではあるが、息子の治療費をなかなか工面できない。

気立ての良い四男余有宏（ユー・ヨウホン）は三〇代半ばで気ままな独身暮らしを楽しんでいたが、兄の勧めで紹介結婚へと進み始めると、デートの場所にはやはり富春江辺の緑豊かな公園を選んでいる。彼は再開発の進む富陽の街の解体現場で働いており、富陽の激変と密接に結びついているのだ。

このような一族が長男有富《ヨウフー》の料理店に揃って老母の〝七十大寿〟すなわち古稀《こき》の祝賀会を開いたところ、その最中に老母が倒れてアルツハイマー病と診断されてしまう。そこで四兄弟は分担して老母の介護を始めるが……

## (四) 二つの言語と三代三種の空間

中国の映画評論家の指摘によれば、『春江水暖』では富陽方言と標準語という二つの言語体系が対立しているという(周舟「『春江水暖』の東方美学の実験」『中国電影報』二〇二〇年九月九日)。老母と四兄弟およびその妻や知人たちは、方言により家計状況や老母の扶養、マンションの値段、介護料などの問題を話し続けており、これを通じて中国の親戚友人付き合いがすでに経済社会により貨幣化されている点が鋭く描き出されている、というのだ。

これに対し長男の娘顧喜《グー・シー》は大都市滞在の、彼女の恋人江《ジアン》は外国留学の経験をそれぞれ有しており、二人は標準語で対話する。そして二人の話題とは人間性における自由やジェネレーション・ギャップ、魂の伴侶といった抽象性の高いものである。この若い恋人たちはすでに都市文化の洗礼を受けているのだ。

興味深いことに一族最年長でアルツハイマー病の老母が、この孫娘とその恋人と話す時には標準語を使っている。それは老母が中国東北地方出身者であるためであろう。彼女が育った東北地方は人民共和国建国後、中国各地の人々が移住して来た地域であるため標準語普及率が高く、老母は富陽で再婚してから富陽方言を学んだというわけなのだろう。そしてこの〝バイリンガル〟の老母が長男有富《ヨウフー》夫妻と孫娘顧喜《グー・シー》たちとの橋渡しとなるのである。

このように四兄弟四種の職業に加えて、二種の言語と富陽・外地・外国という三種の空間および老母・息子・孫という三世代の絡み合いが、映画『春江水暖』に複雑な立体感を与えているというのである。さらには四兄弟始め多くの役が顧《グー》監督の親戚や知り合いなど富陽市民により演じられたことで、郷土感覚が高まっている点も注目に値するだろう。

## （五）魯迅の盟友、郁達夫《いくたっぷ》——富陽と日本とを繋ぐ作家

若い恋人たちの富春江に浮かぶ船上披露宴では♪私の故郷は富春江、皇帝孫権と郁達夫の故郷、と歌われている。孫権とは『三国志』の英雄のひとりであり、郁達夫（ユー・ダーフー、いくたっぷ、一八九六～一九四五）とは近代中国の代表的作家にして魯迅の盟友でもある。そして郁は一九一三年から一〇年間の日本留学生活を送り、東京大学経済学部卒業後、帰国して北京大学統計学講師に就任するが、日本の「私小説」の影響を受けて東大時代に始めた創作活動を続け、やがて上海や杭州を舞台に活躍し、名作恋愛小説の数々を残している。富陽の人々が誇りとするこの作家は、日本と深い縁で結ばれているのである。もっとも太平洋戦争開戦前にシンガポールの新聞社で日本の中国侵略を批判していた郁が、戦時中はスマトラまで流浪し、終戦直後、日本憲兵に殺害されたという悲劇的最期も忘れてはなるまい。

私は紹興を始め、烏鎮や湖州、鎮江など江南の美しい古都を歩くのが大好きである。紹興は魯迅の、烏鎮は茅盾（マオドゥン、ぼうじゅん、一八九六〜一九八一）の、湖州は木心（ムーシン、もくしん、一九二七〜二〇一一）の故郷であり、鎮江はパール・バックが幼少期を過ごした街でもあるからだ。コロナ禍が収まり、中国への渡航が可能となった暁には、ぜひとも富陽を訪ねてみたいと思っている。

〔二〇二一年二月〕

【補記】郁達夫の最期に関しては鈴木正夫氏が『スマトラの郁達夫』（東方書店、一九九五年）、『日中間戦争と中国人文学』（春風社、二〇一四年）で詳述しており、中国語訳（『蘇門答臘的郁達夫』劉高力訳、上海交通大学出版社、二〇二三年）も刊行されている。

**DATA**

『春江水暖〜しゅんこうすいだん』　原題／春江水暖　監督／顧暁剛（グー・シャオガン）
出演／銭有法（チエン・ヨウファー）、汪鳳娟（ワン・フォンジュエン）　製作／二〇一九年

# 第五章　〝反右派〟闘争、文化大革命の傷痕

# 中国政治犯たちの収容所の記憶
## ——映画『無言歌』の原作『夾辺溝の記録』をめぐって

『無言歌』

一九五六年、中国共産党が一定範囲内での言論自由を保証する〝百家争鳴・百花斉放〟を掲げたため、知識人の間で官僚主義批判が巻き起こった。しかし翌年、共産党は政策を急転換し五〇万人以上を〝右派分子〟という名の政治犯として、〝労働改造〟という名の強制収容所に送り込んだ。毛沢東（マオ・ゾートン、もうたくとう、一八九三〜一九七六）の陰謀とも〝陽謀〟ともいわれる〝反右派闘争〟である。

〝百家争鳴〟期にデビューした王蒙（ワン・モン、おうもう、一九三四〜）、劉賓雁（リウ・ビンイエン、りゅうひんがん、一九二五〜二〇〇五）ら当時の若手作家も多くが「現実関于の文学」（関于生活的文学）を発表し、収容所送りとなった。しかも毛は五八年にも無謀な〝大躍進〟政策を発動して大失敗、五九年から三年間に一五〇〇〜四〇〇〇万の餓死者を出したと推計されている。

この毛沢東時代の強制収容所を描いた映画が『無言歌』（原題『夾辺溝』）である。監督はドキュメンタリー

『鉄西区』で知られる王兵（ワン・ビン、おうへい、一九六七〜）だ。『無言歌』の舞台である甘粛省辺境ゴビ砂漠にある夾辺溝《チアビエンコウ》収容所では、政治犯は岩穴を住居として厳寒の冬を越しているが、配給食料が激減し、栄養失調による餓死者が続出する。このため開墾作業は停止され、政治犯は雑草やネズミを食用とするが、三〇〇〇人のうち生き長らえたのはわずか四〇〇名であったという。

映画『無言歌』の原作は、楊顕恵（ヤン・シエンフイ、ようけんけい、一九四六〜）の小説である。楊《ヤン》は二〇〇〇年春季から文芸誌『上海文学』に『夾辺溝の記録』（原題『夾辺溝記事』）を連載したのち、単行本『さらば夾辺溝』（原題『告別夾辺溝』、上海文芸出版社）を刊行した。同書は二〇〇八年には連載時の題名に戻されて広州・花城出版社から再版されており、私が読んだのもこの花城社版である。

『夾辺溝の記録』は一九章の構成で、王兵《ワン・ビン》監督はそのうち主に「上海女（原題「上海女人」）」「逃亡（原題「逃亡」）」「一号病室（原題「一号病房」）」の三章を映画の材料として用いており、『夾辺溝の記録』第1の章「上海女」は次のような書き出しで始まるのである。

この物語は李文漢（リー・ウェンハン）という右派が私に話したことだ。彼は湖北省の人で、高校卒業後、一九四八年に解放軍に参加し、建国後に義勇軍に入隊して朝鮮で戦った。朝鮮の戦場で負傷し、肋骨三本をアメリカ人の爆弾で吹き飛ばされた。帰国して治療を受けたのち、公安部に残って仕事をした。彼が言うには、その後、出身が大資本家の家庭だったため……一九五七年に右派とされ、公職を解職され、夾辺溝での労働改造に送られた。

四九年の人民共和国建国当時、李文漢《リー・ウェンハン》の高卒という学歴には現在の大卒以上の希少価値があり、しかも彼は朝鮮戦争で北朝鮮支援の中国軍に志願しアメリカ軍との戦闘で重傷を負ったというのに、親が大資本家であったため〝右派分子〟に認定されたというのだ。「六〇年一二月以後、夾辺溝農場の右派はすべて釈放され元の職場に帰ったが、彼には帰るべき〝家〟がなかった」というのは、公安部を解職されていただけではなく、家族が国外に亡命していたか、粛清殺害されていたからであろう。

この李文漢《リー・ウェンハン》の語りを読者に伝える「私」とは誰か、は不明だが、「彼〔李文漢《リー・ウェンハン》〕は我らが第一四中隊牧畜分隊の放牧員となり、私と羊牧場脇の小屋で同居した。長いこと一緒に暮らしたものだ。理解しあい、信頼しあうようになってから、彼は次々と夾辺溝農場の物語を私に語り始めたのだ」という。作者楊顕恵《ヤン・シエンフイ》は文革前に蘭州生産建設兵団の農場で働いていたことが知られているので、「私」とは作者自身であろうと読者は推理することだろう。いずれにせよ、収容所現場の目撃者である第二の語り手李文漢《リー・ウェンハン》は、名前から経歴までが細かく紹介されており、物語の信憑性を高めている。

第3の章以下でも、第一の「私」が冒頭で自分が夾辺溝生き残りの元政治犯たちを訪ねた経緯を説明した後、インタビュー相手の回想を記すという叙事方式が取られている。さらに小説末尾の「後記」では、兪兆遠（ユー・ジャオユエン）、陳毓明（チェン・ユーミン）ら作品中の語り手に対する謝辞が書かれているとも考えあわせると、『夾辺溝の記録』は虚構性の高い小説ではなく、ドキュメンタリーであるといえよう。ドキュメンタリーは中国語で「紀実小説」というのだが、本書原題には「記事」が使われているのは、歴史の記憶に対する中国共産党の政策を配慮したものであろうか。

さて第1の章は「私」による本章の語り手李文漢《リー・ウェンハン》の紹介が終わると、李《リー》自身が第二の語り手の「私」となって、収容所を訪ねてきた「上海女」の物語を語り始める。西北部開発支援を志願し辺境にやってきて右派にされてしまった元医者が餓死したところに、そうとは知らずに同じく医者である若い妻が上海から五日がかりで来訪してくる。夫の遺体を引き取りたいと懇願する彼女に、元朝鮮戦争の英雄戦士の「私」は困惑する。なぜなら飢えた囚人仲間により衣類は食糧と交換され、遺体は食われていたからだ……

映画では上海女性が李《リー》たちの助けを得て、遺体を荼毘に付して遺骨を持ち帰るところで終わっているが、小説はその後日談も語っている。遺骨を包むために李《リー》が朝鮮からの戦利品である米軍兵士の毛布を差し出し、自分もまもなく死ぬから返送無用、もしも生きて収容所を出られたら、上海のお宅まで取りに行く、と悲しい冗談を言う。女性は彼のノートに住所を書くが、凍えた囚人仲間が薪がわりにノートを燃やしてしまう。三〇年後、上海に出張した李《リー》は、老妻への土産に服を買おうと繁華な淮海路を歩くうちにエリザベス洋服店という店の前を通りかかり、この店こそ女性の実家であったことを思い出す。興奮した彼は客で混み合う店内に足を踏み入れるが……

なお第一の語り手の「私」は李《リー》と三年半の同居の後、西北の師範学院に入学するが（作者楊顕恵《ヤン・シェンフィ》も一九七五年に甘粛師範大学数学系卒）、一九九六年に蘭州で李文漢《リー・ウェンハン》と再会して、この後日談を聞くことになるのだ。

第7の章「逃亡」は夾辺溝の収容所から奇跡の脱走を果たした高吉義（ガオ・ジーイー）の物語だ。彼は当時二一歳で蘭州市立病院の医者だったが、本来一日五〇〇グラムの食料配給がその半分にまで減り餓死者が続出したため、体力のあるうちに雪の降る前に……と脱走を決意する。すると清華大学卒業のエンジニアで、収容所で高《ガオ》の大工の師匠であった五〇歳代の駱宏遠（ルオ・ホンユエン）が、栄養失調による浮腫のため大カボチャのように脹れ上がった顔で、私も連れて行ってくれ……と懇願する。二人が脱走して間もなく、駱《ルオ》師匠は倒れてしまい、高《ガオ》に一人で逃げろと命じる。高《ガオ》は自分のオーバーで師匠の体を包んだのち、一人鉄道駅を目ざす。その後に追っ手が見つけたのは狼に食われた死体と高《ガオ》の名前入りのオーバーであり、駱《ルオ》は逃走、高《ガオ》は死亡と判断して高《ガオ》については指名手配しなかったため、彼は故郷の村まで逃げのびることができ、大工仕事で家族を養ったのだが……

宮沢賢治は「雨ニモマケズ／風ニモマケズ……一日ニ玄米四合ト／味噌ト少シノ野菜ヲタベ……」と清貧なる聖者の暮らしを歌った。玄米四合は小麦粉約五〇〇グラムに匹敵し、共に約一八〇〇キロカロリーである。聖者ならともかく、農業などの肉体労働者には一日三〇〇〇キロカロリーが必要といわれ、小麦粉五〇〇グラムではその六割しか摂取できず、それを半分の二五〇グラムに減らされた夾辺溝では、餓死は不可避であっただろう。
七〇年代の旧ソ連では、反体制派作家のソルジェニーツィンが凄惨な拷問、処刑の実態を告発する文学的ルポルタージュ『収容所群島』を国外で発表し、世界に衝撃を与えた。『夾辺溝の記録』は極限状況における食人を描くいっぽうで、脱走仲間の死に助けられ二〇年の逃亡生活を送る青年医師の抵抗をも語って、中国人の歴史の記憶に大きな揺さぶりをかけたのである。封印されてきた強制収容所の記憶を掘り起こした同書は、花城社版だけでも二〇一〇年一〇月までに四刷三万二〇〇〇冊が刊行されている。

〔二〇一一年一二月〕

DATA

『無言歌』 原題／夾辺溝 監督／王兵（ワン・ビン） 出演／盧野（ルー・イエ）、廉任軍（リエン・レンジュン）、徐岑子（シュー・ツェンズー） 製作／二〇一〇年

## 地獄の収容所「幸存者」が語る……中国の「反右派闘争」

『死霊魂』

毛沢東が人民共和国期に発動した一連の三大悲劇として、反右派闘争・大躍進・文化大革命（一九六六〜七六）を挙げられよう。前述のとおり、一九五六年、中国共産党が一定範囲内での言論自由を保証する〝百家争鳴・百花斉放〟を掲げたため、知識人の間で官僚主義批判が巻き起こった。しかし翌年、共産党は政策を急転換し五〇万人以上を〝右派分子〟という名の政治犯として〝労働教養〟という名の強制収容所に送り込んだ。それは毛の陰謀とも〝陽謀〟ともいわれている。映画『死霊魂』はこの政治事件をめぐるドキュメンタリーである。

中国西北部に位置する甘粛省の主要都市蘭州や天水の政治犯三〇〇〇人余は、同省北部のゴビ砂漠にある夾辺溝《チアピエンコウ》収容所で農業建設などに従事した。収容所の惨状については、前節「中国政治犯たちの収容所の記憶」ですでに述べた。戦災・天災等の生存者を中国語では〝幸存者〟（幸運なる生き残り）と称するが、事件から半世紀後に彼らが語る収容所の暮らしは、まさにこの世の地獄である。

私の知人のある古典学者は、学生時代に大学の指導部を批判して収容所に送られたという右派分子の典型例であった。しかし映画では、身に覚えがない、自らの〝罪状〟を知らされていない、という〝幸存者〟が続出する。そのいっぽうで収容所では炊事係となって盗み食いをしたと告白する者もいれば、歩けるうちに脱走した、妻子や兄弟が自分の食い扶持を削って辺境の地まで届けてくれた、天の神が奇蹟を起こし励ましてくださった等々と語る者たちもいる。餓死した政治犯の妻や、釈放後も差別に苦しむ父に育てられた息子の回想にも、思わず落涙した。ひとりだけだが、自分たちの食料は一日小麦粉四〇〇グラム……不適切な状況に直面したが、自分には変える力はなかった、と弁解する元職員もいた。なお政治犯の家族が収容所宛てに郵送した食料は没収されたという。

この苦難の体験に取材したノンフィクション・ノベルに、楊顕恵（ヤン・シエンフイ、ようけんけい、一九四六～）の『夾辺溝の記録』（二〇〇〇年文芸誌初出、二〇〇八年単行本、邦訳なし）がある。王兵（ワン・ビン、おうへい、一九六七～）監督は同書に基づき二〇一〇年に劇映画『無言歌』（原題『夾辺溝』）を製作してもいる。この名作二篇に新たに加わった『死霊魂』は、延べ一二〇の証言と六〇〇時間のラッシュ映像から十数のインタビューを取り出し、それぞれ三〇分単位でまとめたもので、合計八時間の長尺である。気力・体力・視力を総動員して、第三部末尾の廃墟となった収容所墓地跡―〝万人坑〟が連想される―まで至ると、フーッと政治犯三〇〇〇の霊気が感じられた。一度に三部構成を通覧せずとも、まずは第一部だけ見るのも良いだろう。

余談だが、魯迅が晩年に取り組んだ翻訳がゴーゴリのブラック・ユーモア長篇小説『死せる魂』（中国語訳『死魂霊』）であった。中国のロシア文学ファンが「死霊魂」という言葉を見れば、最初に連想するのがゴーゴリ作品であろう。

〔二〇二〇年七月〕

DATA

『死霊魂』　原題／死霊魂　監督／王兵（ワン・ビン）　製作／二〇一八年

# 現代中国のトラウマを集約したドキュメンタリー大作
## ——池谷薫監督『延安の娘』

『延安の娘』

中国の文化大革命は毛沢東（マオ・ゾートン、もうたくとう、一八九三〜一九七六）により一九六六年五月に発動され、七六年九月の毛の死まで続いた。この一〇年を亡命作家鄭義（ジョン・イー、ていぎ、一九四七〜）は、「人民大衆が真に造反の大旗を立てたのは一九六六年一〇月以後で、六八年上半期には労働者組織鎮圧が始まり、六八年八月には学生組織が解散させられ」たとして、激動の前期二年と、その後の「ブレーキのきかぬ慣性運動」であった後期八年とに区分している。

文革前期の紅衛兵運動のエネルギーは、農村への〝下放〟（シアファン、かほう、党幹部・学生が農村や工場に入り農民・労働者への奉仕の精神を養うための運動）へと方向転換させられ、後期八年間を通じて都市の紅衛兵とその後輩である中学・高校卒業生のうち約一七〇〇万人が農村地帯へと送り出された。一七〇〇万という数は、文革一〇年間の都市部中学・高校卒業生の半数に相当する。

前後二期の区分法はアメリカ亡命中の作家鄭義《ジョン・イー》の自伝的現代中国史である『中国の地の底で』（藤井省三監訳、朝日新聞社、一九九三年）からの引用なのだが、同書で鄭義《ジョン・イー》自身が回想している下放直後の初恋体験は興味深い。

彼女は北京師範大附属高校でも有名な才女……内モンゴルへ下放した。知り合ったのは全くの偶然からだ。文革の敗北感および下放した後の様々な精神的苦痛が、彼女を私たちのこのちっぽけな太行山に呼び寄せたのだ。一つの悩み苦しむ魂が、私たちの結束固い革命的ロマンに彩られた下放集団の中に憩いの巣を見いだしたのだ。

毛沢東のお墨付きを得て反逆した紅衛兵世代は、このように下放先でもキャンプを自主管理して互いに訪問しあう自由を行使していたようすだ。もっとも鄭義《ジョン・イー》の初恋は手も握ることのないプラトニックなものではあったが。これに対し後輩たちの下放とは、文革による経済停滞のため失業対策として執行されており、彼らのキャンプでは共産党幹部による厳しい管理下で高校単位の集団生活が送られた。だがそれなりに豊かな都市をあとにして貧しく自然環境も厳しい辺境の農村に送り込まれ、そこで幾年ものあいだ集団生活していた少年少女たちも、監視の目をくぐって恋をしたのである。

一九八三年製作の『上海にかかる橋』（白沈《バイ・シェン》監督、原題『大橋下面』）は、下放先の農村でボーイフレンドに捨てられ未婚の母となった女性が実家のある上海に戻り、道ばたで旧式ミシンを踏む露天仕立て屋となって子供を育てるいっぽう、同じく下放先から帰ってきて自転車修理業を営む青年が彼女を愛し、母や近所の偏見に打ち勝って彼女に求婚するという物語である。日本では八四年の中国映画祭で上映されている。

それから二〇年ほどが過ぎて、再び下放学生たちの禁じられた恋の後日談をめぐる映画が作製された。ドキュメンタリー『延安の娘』である。延安（イエンアン、えんあん）は陝西省北部の小都市で、同市街は黄土高原を流れる延川中流部沿いの盆地に発展した。古来延安は陝西北部の交通の要地ではあったが、一九三〇年代までは人口一万人ほどの県城に過ぎなかった。そこに中国東南部の江西省を国民党軍に追われた紅軍と共産党中央が一年間の大長征の果て三五年一〇月陝西北部に到達、三七年一月に延安を拠点としてその後の抗日戦争と国共内戦を戦った。このため延安は中国革命の聖地とも称されている。

この延安に文革中には北京市南西郊外にある長辛店高校の一団が下放した。一九七二年冬、あるカップルの間に女児海霞（ハイシア）が生まれたが、処罰を恐れた二人は赤子の娘を地元農民に養女として預け、北京へと帰って行く。それから二八年後の二〇〇〇年、成人した海霞《ハイシア》はすでに同じ村の農家に嫁いで息子を産み、質素ながらも幸せに暮しているが、本当の親に一目会いたいと切望していた。養父母は実の子を産むと海霞《ハイシア》を可愛がらなくなり、小学校も三年しか行かせず家事や農作業をさせていたために、海霞《ハイシア》は子育てが一段落すると、本格的に親探しを始めたのだ。

そんな彼女を助けるのが、海霞《ハイシア》の両親と同じ高校の同期生黄玉嶺（ホアン・ユーリン）である。黄《ホアン》自身も下放中にガールフレンドが妊娠したところ四カ月で堕胎させられ、自分は反革命罪に問われて労働改造所、すなわち刑務所で五年間を強制労働に服役したのだ。黄《ホアン》は出獄後も延安に残って地元の女性と結婚し、小さなレストランを経営しているが、海霞《ハイシア》を見るにつけ自分の子供も産まれていればこんな歳だろうに、と深く同情するのだ。黄《ホアン》から連絡を受けた北京の同期生たちも海霞《ハイシア》の両親探しに協力し、やがて海霞《ハイシア》は黄《ホアン》の付き添いの元、三日間汽車に揺られて北京へと旅立っていくが……

『上海にかかる橋』は下放先で出産した女性が、都市に帰っても定職もないという逆境下で生き抜いていくそれなりに感動的な物語であった。だが『延安の娘』を見ると、出産できたこと、子供を連れ帰れただけでも幸運であったことが察せられる。『延安の娘』は、学生の恋愛自体が非合法で、未婚妊娠に至っては反革命罪に問われるほどに苛酷だった共産党専制の実態を正面から語っているのだ。

また文革終息後に流れた四半世紀の歳月が、農村にも都市にも大きな変化をもたらしたことを、『延安の娘』は淡々と描き出す。海霞《ハイシア》の養父母は実の父母が先に延安まで挨拶に来るべきだと主張し、海霞《ハイシア》の北京行きに反対するが、海霞《ハイシア》の夫は彼女に理解を示し、舅姑も最後には養父母の同意を得ぬまま彼女を北京に行かせる。農村でも地縁血縁の関係から人々は少しずつ自由になりつつあるようだ。

いっぽう北京では同じ五〇歳、同じ高校の同期生でも、高度経済成長とともに豊かになっていった勝ち組もいれば、生活保護を受けるほどに貧しい負け組もいる。同期会により海霞《ハイシア》の歓迎会が開かれれば、勝ち組の人々は気前良くカンパを差しだすし、会食場面となれば負け組が下放によって俺の人生は狂ってしまった、と怒りをぶちまけるのだ。

下放とは何か、文革終息後に農村から都市へと帰っていった学生たちはいかなる歳月を過ごしていたのか……『延安の娘』とは現代中国のトラウマを集約した大作ドキュメンタリーといえよう。中国では共産党が文革の傷跡に触れられることに敏感であり、中国映画では『上海にかかる橋』が精一杯の問題提起であったろう。日本映画であればこそ、『延安の娘』のような文革トラウマの映画が撮れたのである。

〔二〇〇三年一一月〕

DATA

『延安の娘』　監督／池谷薫　製作／二〇〇二年

# 第六章　日中戦争の記憶と現代シンガポールの「病める家」

# 中国映画における日中戦争の描きかた

## 『鬼が来た!』『戦場に咲く花』

「この国で日本人なのは辛い。まるでプロレスの悪役にされた気分よ」というのは、茅野裕城子の代表作『韓素音《ハン・スーイン》の月』(集英社、一九九六年、現在は集英社文庫)に出てくる名文句だ。茅野さんは青山学院大学仏文科在学中にミス青学に選ばれ、作家の中上健次(一九四六〜一九九二)から文学指南を受け、ニューヨークへパリへ中南米へと旅するうちに中国人の恋人と出会い北京に住み始めた……という伝説の持主である。そしてこの小説の主人公園子は、世界中を遊び歩いては無邪気な欲望に従って恋を楽しみ、先進資本主義社会の美味しい部分だけを飽食していたところ、偶然立ち寄った北京で思いも寄らぬ中国社会を垣間見、さらには演出家の男性に言い寄られ、しだいに中国にはまってしまい、最後には男と別れるいっぽう、北京残留を決意するのである。

ところで北京特派員だった清水美和の『中国はなぜ「反日」になったか』(文春新書、二〇〇三年)は、九〇年代半ばから日中間で歴史認識問題が深刻化し、中国メディアに反日的論調が溢れ出した原因を、一九七二年の日中国交正常化に際する日本側の拙速な交渉ぶりを遠因としつつ、江沢民が鄧小平からの権力移行期を乗り越えるため民衆の求心力を高めようと愛国主義を鼓舞した点を指摘している。

抗日戦争の烈火の中から生まれた共産党政権の正統性を強調するためには、民衆の中に潜在する「反日」という「感情の記録」をかき立てることが効果的だった……党や政治の高級幹部に対する批判を、あらかじめ封じられた「閉ざされた空間」だったため、行き場を失った世論の批判する力が、反日にはけ口を求めたという一面があった。

どうやら中国で園子が直感した「プロレスの悪役」という日本人イメージは、九〇年代に形成されつつあったものといえよう。ただしその大前提に、一九三一年の満州事変から三七年の日中戦争開戦を経て四五年まで続いた日本による中国侵略の歴史があるのだが。

さて二〇〇〇年の中国では日本軍を描いたアート系映画が二本製作されている。一つは姜文（ジアン・ウェン、きょうぶん、一九六三〜）監督『鬼が来た！』。万里の長城が渤海湾に到達する沿海部の村の村長（姜文《ジアン・ウェン》）の元に、ある夜、謎の麻袋二つが届けられる。中には日本兵の花屋（香川照之）と中国人通訳が入っており、花屋が俺を殺せと喚くため、巻き添えを恐れる通訳は中国人側へのお世辞にすり替えて訳す。やがて農民出身の花屋は村人らに共感を抱くようになり、「二台分の穀物を贈る」と村長に約束して日本軍の元に帰してもらう。隊長は花屋に鉄拳制裁を加えるいっぽう、日本軍は信用を重んじると称し村に六台分の穀物を届け宴会を開くが……日本兵捕虜と中国農民との危ういコミュニケーションという、戦時下の不条理な状況を、闇の場面を多用しながら描いた巧みなカメラワークと、姜文《ジアン・ウェン》・香川の熱演は高く評価したいところだが、歴史認識に関する問題も多い。

戦後に留用された日本人技術者の視点から書いた体験的な中国社会主義建設論である『北京三十五年』（岩波新書、一九八〇年）の著者山本市朗は、戦時中の一九四四年には三菱鉱業の技師として『鬼が来た！』の舞台近くの山東省招遠県の金鉱で働いていた。同書によれば当時の日本軍は小さな県城を守るのがやっとで、周囲の農村は共産党八路軍の支配下にあったと記している。日本軍が村で酒盛りを開いて村人を虐殺するというようなことは、当時の両軍の力関係からしてまず起こりえない。しかも映画では隊長は八月一五日の終戦の詔勅が出されたのを知った上で虐殺を命じているのだ。確かに三〇年代中国で国民党軍が共産党軍支配下の農村に対して行った「三光」（焼光・殺光・搶光、焼きつくし殺しつくし奪いつくすという中国語）政策を日本軍が継承拡大したという事実はある。だからといって、無条件降服後にも日本軍が暴虐を続けていたというのは、誤った「歴史認識」といえよう。

そもそも『鬼が来た！』は尤鳳偉（ヨウ・フォンウェイ、ゆうほうい）の中編小説「生存」（『当代』一九九六年第一期掲載）を改編したものだが、この原作には虐殺事件などは描かれていない。日本兵は村人による処刑直前に許しを乞い日本軍食糧貯蔵庫へと案内するものの、雪原の中の貯蔵庫の監視所めがけて脱走して村人に射殺される。そして村長ら食糧運送隊も吹雪によって全員が遭難死亡してしまうのである。姜文《ジアン・ウェン》監督はこんなリアリスティックな戦争小説を、不条理効果を高めるために降伏後の日本軍による虐殺へと改編したのだ。こうして日本人はまたもや「プロレスの悪役」を演じさせられたわけである。ちなみに尤鳳偉《ヨウ・フォンウェイ》も「原作者の許可なしに勝手に脚色映画化した」として訴訟を起こしたという（飯塚容「『新抗戦小説』の映画化をめぐって」『ユリイカ』二〇〇〇年三月号）。

二つ目の映画は蔣欽民（ジアン・チンミン、しょうきんみん、一九六三～）監督『戦場に咲く花』で、時代は『鬼が来た！』と同様に日中戦争末期の一九四四年だが、舞台は日本の傀儡政権であった満州国の山奥の駅である。中国人駅長（王学圻《ワン・シュエチー》）とその妻、それに雑役の青年と少年を合わせて中国人が四人しかいない小さな駅で、唯一の日本人助役の浩太郎（緒形直人）が風呂場で死んだ。浩太郎は乗馬の名手でベルリン・オリンピックの馬術競技で入賞した国民的英雄の陸軍将校だったが、戦場で膝を負傷し、療養を兼ねて愛馬と共にこの小駅に派遣されていたのだ。

浩太郎は異国の丘に日本から最愛の妹が送ってくれた向日葵《ヒマワリ》の種を蒔き、尺八を吹き、中国人少年に銃弾の薬莢をレールに敷き列車にひかせて首飾りを作る方法を教えるなどやさしい青年であったが、時折凶暴になるので、周囲の中国人たちから「鬼子」と煙たがられていた。死因の調査にやってきた憲兵隊長（平田満）は、弟のように可愛がっていた浩太郎の死に怒り、犯人探しを始めて駅長以下四人の中国人を尋問し拷問するが……

黒沢明監督の古典的名作『羅生門』を彷彿とさせるミステリーの手法で、侵略者の日本人青年将校と侵略を受けている中国人たちの屈折した関係を解き明かしていく手法は見事なものである。最後には駅長以下四人は、中国人としての誇りと夫婦愛や自由を願うがために自ら死を選ぶ。そもそも浩太郎の死もまた侵略戦争への疑いが原因であったのだ。病に伏す妹と対照的に満州の夏空の下で咲き誇る向日葵の花、浩太郎の吹く尺八の哀愁のメロディー……『戦場に咲く花』は日本人将校を「プロレスの悪役」としてではなく、侵略戦争の手先であることに苦悩する人間として描いた初めての中国映画といえよう。

〔二〇〇三年八月〕

DATA

『鬼が来た！』 原題／鬼子来了 監督／姜文（ジアン・ウェン） 出演／姜文（ジアン・ウェン）、香川照之、姜宏波（ジアン・ホンボー） 製作／二〇〇〇年

『戦場に咲く花』 原題／葵花劫 監督／蔣欽民（ジアン・チンミン） 出演／緒形直人、平田満、王学圻（ワン・シュエチー） 製作／二〇〇〇年

# 南京事件の〝記憶〟を紡ぐ

## ――村上春樹『ねじまき鳥クロニクル』と陸川監督『南京！　南京！』

『南京！　南京！』

### （一）「間宮中尉の長い話」

村上春樹（一九四九～）は東アジア共通の現代文化、ポストモダン文化の原点であると同時に、日本の現在を東アジアの時間と空間に位置づけた作家でもある。村上文学の主人公は東アジアの歴史の記憶をたどる冒険を繰り返しながら、記憶の最新バージョンを紡いできたのである。

デビュー作『風の歌を聴け』（一九七九年）の「僕」は、「ジェイズ・バー」のマスターに「上海の郊外」で「終戦の二日後に自分の埋めた地雷を踏ん」で死んだ叔父のことを語っている。その彼を「でもみんな兄弟さ」と慰めるジェイは中国人で、実は朝鮮戦争を在日米軍基地で働いて過ごしてきたのだが、そんな暗い過去を明らかにするのは、「僕」とその親友「鼠（ねずみ）」が満州国の亡霊と対決する『羊をめぐる冒険』（一九八二年）であった。「中国行きのスロウ・ボート」「トニー滝谷」などの短編小説群は中国への贖罪《しょくざい》の意識、歴史忘却への省察であり、『海辺のカフカ』（二〇〇二年）や『アフターダーク』（二〇〇四年）は香港では「内心に潜在する暴力の種を反省するよう日本人に呼びかける」作品として読まれている。

そして『ねじまき鳥クロニクル』（一九九四〜九五年）はノモンハン事件と満州国の記憶をたどる物語であるが、この大長篇の「第1部　泥棒かささぎ編」に村上は挿話として南京事件を登場させている。それは「12　間宮中尉の長い話・1」の章で、ノモンハン開戦に先立つハルハ河偵察中に、「歴戦の下士官」である浜野軍曹が「新任の将校」で当時は少尉だった間宮に語る四カ月前の南京占領前後の記憶である。

私たちが今ここ（中国大陸）でやっている戦争は、どう考えてもまともな戦争じゃありませんよ、少尉殿。それは戦線があって、敵に正面から決戦を挑むというようなきちんとした戦争じゃないのです。私たちは前進します。敵はほとんど戦わずに逃げます。そして敗走する中国兵は軍服を脱いで民衆の中にもぐり込んでしまいます。そうなると誰が敵なのか、私たちにはそれさえもわからんのです。だから私たちは匪賊狩り、残兵狩りと称して多くの罪もない人々を殺し、食糧を略奪します。戦線がどんどん前に進んでいくのに、補給が追いつかんから、私たちは略奪するしかないのです。捕虜を収容する場所も彼らのための食糧もないから、殺さざるを得んのです。間違ったことです。南京あたりじゃずいぶんひどいことをしましたよ。うちの部隊でもやりました。何十人も井戸に放り込んで、上から手榴弾を何発か投げ込むんです。その他口では言えんようなこともやりました。少尉殿、この戦争には大義もなんにもありゃしませんぜ。

ちなみに間宮の一隊はその後ソ連軍将校と外蒙古軍将兵に捕らえられ、浜野軍曹らは惨殺され、間宮は涸れ井戸に投げ込まれるが奇跡的に助かり、さらにシベリア抑留や広島原爆による家族全滅という苛酷な戦争体験を重ねることになる。

南京から遠く離れたノモンハンの荒野にて事件から四カ月後の一九三八年四月に日本軍下士官が語った南京侵攻体験を、半世紀後の物語の現在において元将校に再度語らせることにより、村上は南京事件を『ねじまき鳥』の読者の記憶に留めようとしているのであろう。間宮の回想における浜野軍曹の言葉はすべて「『少尉殿……どうも剣呑な成り行きでありますな』」と二重鉤に入れられているが、先ほどの引用部だけは「自分は兵隊だから戦争をするのはかまわんのです、と彼は言いました」と二重鉤を解かれて間宮による再話として記述されている。これは浜野軍曹の南京事件の記憶が間宮自身の記憶と化していることを暗示するものであろう。

『ねじまき鳥』は中国では『奇鳥行状録』(林少華訳、一九九七年)、台湾では『發條鳥年代記』(頼明珠訳、一九九五年)としてそれぞれ刊行されている。このような翻訳により、本書の南京事件をめぐる間宮の記憶を記憶する者は、日本人ばかりでなく中国・香港・台湾・シンガポールなど各地の中国語読者の間にも広がっているのだ。東アジアの読者が記憶する間宮の記憶とは、日本兵は「誰が敵なのか」わからないので「多くの罪もない人々を殺し」、「補給が追いつかんから」略奪し、「捕虜を収容する場所も彼らのための食糧もないから、殺さざるを得」ず、「南京あたりじゃずいぶんひどいこと」をしており、「この戦争には大義もなんにも」なかった、という南京事件の概要である。『ねじまき鳥』のこの一節により、日本軍の対中侵略およびこれに対する日本軍将兵の反省に関する日本と中国共通の記憶が、紡ぎ出されたといえよう。『ねじまき鳥』が韓国語、英語など各国語に翻訳されていることを考えれば、同書が形成する南京事件の記憶は、世界各国でも共有されているともいえよう。

## (二) 中国映画の中の日本将兵の記憶

さて『ねじまき鳥』第一部刊行から一五年後、そして南京事件から七二年が過ぎた二〇〇九年、中国の陸川(ルー・チュアン、りくせん、一九七一～)監督が改めて紡ぎ出した事件の記憶が映画『南京! 南京!』である。『ねじまき鳥』における南京事件は一つの挿話に過ぎず、記述量は文庫本で一頁、字数にして七一〇字という短いものである。これに対し『南京！　南京！』は事件を主題とした一三〇分の長篇映画であり、しかも中国映画であるにもかかわらず、南京攻略戦時には下士官、南京占領後は少尉に昇進した日本人角川を主人公として描いている点が特色である。軍隊における角川の立場や「ずいぶんひどいこと」に荷担しなくてはならない彼の苦悩は、『ねじまき鳥』の浜野軍曹に通じてもいる。

そして映画は日本軍が行った「その他口では言えんようなこと」を克明に描き出していく。降服した捕虜の処刑も「何十人も井戸に放り込んで、上から手榴弾を……」などという手段に留まることなく、生き埋め、焚刑、機銃掃射などによる数百人単位での虐殺が繰り返される。また浜野軍曹が語らなかった国際難民キャンプに侵入した日本兵によるレイプも描かれており、キャンプのリーダーで主人公の一人である姜淑雲（ジアン・シューユン、高圓圓《ガオ・ユエンユエン》配役）も被害に遭う。絶体絶命の危機を前に万策尽き慰安婦を志願するキャンプの女性たちと彼女らを待つ慰安所の悲劇……この惨状を前にして、“I study in church school”と片言の英語を話す角川少尉は、慰安所で知り合った将校用の日本人娼婦百合子への思いを支えに生き抜こうとするが……

『ねじまき鳥』の記憶では「敵はほとんど戦わずに逃げます」と語られるが、映画では南京防衛軍司令官が逃亡し中国軍が暴徒化したあとも、分隊規模の残兵が小隊長らしき陸剣雄（ルー・ジエンシオン、劉燁《リウ・イエ》配役）を中心に瓦礫の中に立て篭もって抵抗し、角川の中隊を全滅寸前に追い込んでいる。そしてこのような頑強な抵抗は、日本軍を狂気のような「支那兵」狩りに追い込んでいく伏線ともなっている。

本作には日本軍の戦勝祝賀式典で将兵が神輿を担いで踊る場面が現れる。実際にそのような演目が行われたのか、私は寡聞にして耳にしたことがないのだが、魯迅の弟で中華民国期の大知識人であった周作人（ジョウ・ズオレン、しゅうさくじん、一八八五〜一九六七）が柳田国男『祭礼と世間』を援用し、日本の神輿かつぎに見られる「理性を超えた宗教的情緒」を中国文化とは異質のものと指摘している。あるいは陸《ルー》監督はこの周作人説を借りて南京における日本軍の狂気を考察しようとしたのであろうか。

ところで南京事件の記憶は、これまでも日本や中国で小説・映画などでさまざまに語られてきた。たとえば事件直後に発表された石川達三のルポルタージュ小説『生きてゐる兵隊』（一九三八年）は、従軍前には「この宗教が国境を超越したものであることを信じていた」従軍僧が、長い戦闘の果てに「路地から路地と逃げる敵兵を追」い、ショベルを横なぐりに叩きつけ「ざっくりと頭の中に半分ばかりも食いこみ血しぶきをあげ」させるまでに狂っていく姿を描いている。「次々と叩き殺して行く彼の手首では数珠がからからと乾いた音をたてていた」という迫真の描写は、事件直後に南京で取材を行った作家であればこそ可能であったのだろう。

中国では一九九五年に呉子牛（ウー・ズーニウ、ごしぎゅう、一九五二〜）監督の映画『南京1937』が「抗日戦争勝利五〇周年を記念……日本軍が南京侵入後に三〇万余の軍民を虐殺して大罪を犯したことを暴露する歴史大作」と鳴り物入りで公開されている。主人公は中国人医師とその妊娠中の日本人妻理恵子、二人はそれぞれ小学生の息子と女学生の娘を連れて再婚しており、一家で上海から夫の実家のある南京へと避難し、国際難民キャンプを頼って行くのだが……

　同年九月に江沢民（ジアン・ゾーミン、こうたくみん、一九二六～二〇二二）国家主席が「日本の侵略者が中国人民に対して犯した罪は歴史の上でもっとも野蛮なもの」と述べたのを頂点として、この年には中国政府は戦時中の日本軍の残虐場面の写真や物語をテレビで流し続けていた。この反日キャンペーンには共産党政権の権威と正当性を改めて確認するねらいが込められていたのであろう。また同年に中国が核実験を強行し、これに抗議した日本政府が無償資金協力の凍結を通達しており、反日キャンペーンはこれに対する反発の現れという側面もあったのだろう。同作について詳しくは拙著『中国映画　百年を描く、百年を読む』（岩波書店、二〇〇二年）を参照していただきたいが、日中国際結婚の一家を主人公とした上で、難民キャンプで理恵子が産む子に彼女が「南京」と名付けたことだけは紹介しておきたい。呉子牛《ウー・ズーニウ》監督は日本の中国侵略の歴史は忘れることなく、しかも両国国民の和解を願う、そんな希望をこの作品に託しているのである。しかし同作に対する一般の中国人の反応は冷ややかで、また日本人の目から見ても、日本兵の奇妙な日本語やしぐさは興ざめだった。

　この度の『南京！　南京！』は日本軍将兵には日本人俳優を起用しており、会話の過半が日本語で行われるなど現実感に富んでおり、日本軍の狂気と中国人の絶望の中にあって、角川少尉の良心が一点の救いとなっている。『ねじまき鳥』が世界各地で読まれているように、本作は世界の人々により鑑賞されることだろう。かつて中国で製作された南京事件映画が共産党の過度な宣伝と些か安易な平和メッセージにより、中国人観衆からも敬遠されていたのに対し、本作からは中国人のみならず日本人をも含めた世界の人々が、痛恨の思いに充ちた南京事件の記憶を紡ぎ出すことだろう。

〔二〇〇九年〕

DATA

『南京！南京！』監督／陸川（ルー・チュアン）出演／劉燁（リウ・イエ）、高圓圓（ガオ・ユエンユエン）、范偉（ファン・ウェイ）製作／二〇〇九年

# 映画と小説が描くシンガポールという「病める家」

## 『ライス・ラプソディ』『一緒にいて』

二〇〇四年東京国際映画祭に出品された『ライス・ラプソディ』は、シンガポールの国民食ともいうべき海南鶏飯（ハイナン・チキンライス）専門店を経営する中年女性が主人公である。一二年前に夫と離婚したジェンは、母直伝の海南鶏飯レストランを切り盛りしながら、女手一つで三人の息子を育ててきたが、長男と次男はゲイであるため、末っ子には素敵なガールフレンドを作ってほしいと願っていたところ、ライバル・レストランのコック兼経営者がフランス人女子留学生のホストファミリーとなることを勧める。実は彼は商売敵であるいっぽう、ジェンを深く愛していたのだ……

主演の張艾嘉（シルビア・チャン、一九五三年台湾生まれ）は七〇年代に台湾・香港で女優として活躍した後、八〇年代には監督も兼ねるようになり、フェミニズム的視点から夫の浮気で離婚したり初恋の人と再会したりする中年女性の愛を描いてきた。その意味で『ライス・ラプソディ』の主人公役は、彼女にとってまさにはまり役だったろう。プロデューサーにジャッキー・チェンが名を連ねているように、この作品は香港映画に分類されるが、離婚と再婚、家業の後継者難、孫の不在など今日のシンガポールが抱える家の問題をユーモラスに描き出したといえよう。

家の問題といえば、シンガポール映画界の鬼才邱金海（エリック・クー、Eric KHOO）監督も、家庭崩壊をテーマとしている。邱《クー》監督が二〇〇五年東京国際映画祭に出品した『一緒にいて』（原題『伴我行／Be with Me』）は、妻を亡くした老商店主、父や兄に疎んじられながら美人キャリアウーマンに憧れる肥満症の青年警備員、家族から孤立したうえに女友だちに失恋する女子高生、そして耳、目、口の三重苦を背負ったシンガポールのヘレン・ケラーともいうべきテレサ・チャンという実在の老女性ら四人の孤独な物語を、フィクションとドキュメンタリーを融合しつつ描いている。

特に手製の料理を持って入院中の妻を見舞っていた夫が、老妻から無言の要請を受けて彼女を安楽死させた（あるいはそれを妄想した）のち、福祉活動をしている息子の頼みでテレサに料理を届け始め、ある日、妻の死を思い返して泣くという場面は、人生の孤独をしみじみと描き出していた。私のシンガポール人の友人は「中年男の僕でさえ、あの場面には泣けてきました。邱《クー》は連れ合いや友人たちを亡くしたあとの、孤独に生きるシンガポール人の心理を良く描いています」と語っていたものである。

シンガポールで家の問題を主要なテーマとするのは映画だけの現象ではない。代表的若手作家でシンガポール大学中文系助教授でもあった呉耀宗（ウー・ヤオゾン、ごようそう、Gabriel WU, 1965-）が一九八〇年代後半に発表した短篇小説集『デリケートな人々』（原題『人間秀気』一九九〇年）を読むと、チャイナタウンの古い商店街の再開発による郊外マンションへの転居をめぐる親子の対立など、ほぼ一貫して家の問題が描かれているのだ。『風の歌を聴け』（一九七九年）から『ノルウェイの森』（一九八七年）に至るまで、日本の村上春樹がもっぱら若い友人恋人たちを主人公として、ほとんど親子関係を描かなかったのと対照的である。

またシンガポール文壇の重鎮の一人である英培安（イン・ペイアン、えいばいあん、一九四七〜二〇二一）の近作長篇『騒動』（台北・爾雅出版社、二〇〇二年）もまた、一九六五年シンガポール独立以前の五〇年代半ばに反英闘争に参加した高校生たちが結婚して子育ても終えて、シンガポールや香港で中年を迎えた八〇年代末に離婚の危機を迎え、かつての学友と不倫するという、東アジア現代政治史に翻弄された世代の不安定な半生を描いている。

ところでシンガポールが国際貿易港として発展するのは一八一九年イギリス東インド会社のラッフルズがやってきて植民地建設に乗り出して以後のことであり、この新興都市にはヨーロッパ、インド、マレーとともに中国からも多くの移民がやってきた。二一世紀初頭では人口約四〇〇万人のうち七七パーセントを中国系が占めている。故郷を離れた移民にとって、家族の結束というものが何よりも重要であったろう。

そして独立時に強力な指導力を発揮したのが人民行動党であり、同党は半世紀後に至るまで小選挙区制と有権者ＩＤ番号を記入した投票用紙を採用するなど巧妙な選挙制度によって、圧倒的勢力を維持している。興味深いことに独立の翌年一九六六年の人口一九二万人のうち、二〇歳未満が五四パーセント、四〇歳未満が八〇パーセントを占めていたという。同党指導者の李光耀（リー・クアンユー、一九二三〜二〇一五）は当時四〇代という若さでありながら、すでに国民の過半数に対し父のように振る舞えたのだ。

人民行動党は政府に対する求心力を喚起し、社会、人心を安定させるため、当初から「居者有其屋《すむものにそのいえあり》」という政府分譲高層アパートによる持ち家政策を実行し、一九六〇年代には二次の五カ年計画で一二万戸を建設して六〇万人収容、七〇年代の第三次五カ年計画ではさらに一〇万戸を建設して五〇万人収容していった。そのいっぽうで市街区の再開発を進めたため、旧来の地域コミュニティーは崩壊し、まさに国民は家族単位で都市国家に直属することになったのだ。こうして李《リー》元首相ら強い「父」の指導下で「シンガポールはすべての人種が楽しめる家」という国家的スローガンが推進されたのである。

さて今回来日の丁雲（ディン・ユン）氏は、どのような視点からシンガポールの「病める家」の問題を描いていることだろうか。ほかの映画人や小説家の作品に対しどのような批評をお持ちだろうか。お目にかかったら、そんなお話をうかがいたいと、今からを楽しみにしている次第である。

〔二〇〇六年一〇月〕

＊本稿は『開高健記念アジア作家講演会シリーズ16　丁雲講演会――シンガポール華人の喪失と漂流』（舛谷鋭監修、国際交流基金、二〇〇六年）に寄稿したものです。

DATA

『ライス・ラプソディ』原題／海南鶏飯　監督／畢國智（ケネス・ビー）　出演／張艾嘉（シルビア・チャン）、甄文達（マーティン・ヤン）　製作／二〇〇四年

『一緒にいて』原題／伴我行　監督／邱金海（エリック・クー）　出演／陳宝蓮（テレサ・チャン）、李之儀（イーザン・リー）　製作／二〇〇五年

# 第七章　エピローグ

# 〝小さき麦〟を植える有鉄《ヨウティエ》は現代の阿Qか？

## ――〝底層叙述〟映画に花開く一粒の愛の詩

『小さき麦の花』

### （一）現代中国の〝底層叙述〟

中国では毛沢東（マオ・ゾートン、もうたくとう、一八九三～一九七六）時代の文化大革命（一九六六～七六）末期には経済が行き詰まり、毛の病没後に復活した鄧小平（ドン・シアオピン、とうしょうへい、一九〇四～九七）はその解決のため、七〇年代末に対内的には経済改革、対外的には開放政策を実行した。この改革・開放経済体制は天安門事件（一九八九）後も堅持され、やがて中国はGNPで日本を追い越してアメリカに肉迫し、現在では世界第二の超大国となっている。

この四十年来の激変に伴い、中国国内では貧富の格差が極大化しており、青年・中年層が〝農民工（都市で働く農村戸籍の労働者、〝民工〟ともいう）〟となって去った後の農村および都市の貧困層を描く文学や映画が、二〇年ほど前から登場している。この〝底層叙述〟の代表的映画としては、賈樟柯（ジャ・ジャンクー、かしょうか、一九七〇～）監督の『長江哀歌』（原題『三峡好人』二〇〇六）、『罪の手ざわり』（原題『天注定』二〇一三）などを挙げられよう。

ちなみに、底層とは何か？　と問われた中国の詩人、廖亦武（リアオ・イーウー、りょうえきぶ、一九五八～）は次のように答えている。

「低層」とは、ディスクールの権利が奪われ、社会に忘れられ、うち捨てられた存在で、一生にわたり生存の問題に対処しても常に生存の危機に直面する人たちだ。

（廖亦武著、劉燕子訳『中国低層訪談録』集広舎、二〇〇八年）

そもそも中国では一九三〇年代に魯迅（ルーシュン、ろじん、一八八一～一九三六）が、ロシア社会の貧困層を描いたマクシム・ゴーリキーの戯曲『どん底』（一九〇二年執筆）を激賞し、同作が一九五三年に李健吾訳で『底層』という題名で出版されているように、〝底層叙述〟への関心は百年近く続いてきたのだ。

そして映画『小さき麦の花』の主人公馬有鉄（マー・ヨウティエ）は、紛れもない現代中国底層社会の人である。

## （二）馬有鉄《マー・ヨウティエ》と魯迅「阿Q正伝」

馬《マー》家では両親と長男次男の有金（ヨウジン）・有銀（ヨウイン）はすでに亡くなり、三男の有銅（ヨウトン）はなかなかの遣り手のようすで、まずまずの暮らしをしているが、四男の無欲で働き者の有鉄《ヨウティエ》は有銅《ヨウトン》の家でこき使われるばかり。有銅《ヨウトン》の家というのも、あるいは親の家を彼が独り占めしたものであろうか。

こうして中年に至った有鉄《ヨウティエ》は村人たちから「おまえほどの貧乏人はおらんぞ」とからかわれているが、彼はロバを相棒として黙々と畑仕事を続ける——この村でも機械化が進み、ロバは時代遅れの役立たずと疎んじられているのだが。

こんな有鉄《ヨウティエ》の姿は阿Qを連想させる。阿Qとは魯迅の代表作「阿Q正伝」の主人公である。日雇い農民で名前も定かでない阿Qは、地主から同じ日雇い農民仲間に至るまで村中の人からいじめられ笑いものにされているが、「我こそは自らを軽蔑できる第一人者」などと屁理屈をこねては自己満足していた。しかし跡取り息子欲しさに地主の女中に言い寄ったため、雑役もなくなってしまう。その後、辛亥革命（一九一一）の噂にあわてふためく地主たちを見て彼も革命党に憧れるが、村では日本留学生だった地主の若旦那らがさっさと革命党を組織してしまい出る幕もない。やがて阿Qは、地主の家が略奪された強盗事件の犯人として逮捕され法廷に引き出され、訳もわからぬままに銃殺されてしまうのであった。

魯迅は、自らの屈辱と敗北をさらなる弱者に転嫁して自己満足する阿Q式「精神勝利法」をペーソスたっぷりに描いて、中国人の国民性を批判するとともに、草の根の民衆が変わらぬ限り革命はあり得ないとする国家論を語ったといえよう。村の底層にあって皆から笑いものにされているひとり者の有鉄《ヨウティエ》は、阿Qを彷彿させる。

しかし有鉄《ヨウティエ》は少なくとも結婚できた分、阿Qよりも幸せだったといえよう。花嫁の貴英（クイイン）は障害者で半人前の働きもできず、尿失禁でお漏らしばかりしており、兄嫁に苛められて納屋のようなぼろ屋に住まわされていた。また子供を産めない身体のため、嫁の貰い手もなく、厄介払いに有鉄《ヨウティエ》の嫁に出されたのである。

いっぽう、一文無しの有鉄《ヨウティエ》には日本円で数百万といわれる結納金や祝いの品はとても用意できそうになく、健常者の花嫁を迎えることは無理だった。三兄の有銅《ヨウトン》は長男に嫁を迎えるに際し同居していた弟の有鉄《ヨウティエ》が邪魔となり、貴英《クイイン》と結婚させて、持ち主が都会に出稼ぎに行き空き家となったあばら屋に追いやることにしたのであった。

## (三) 〝黄土〟の中、一年の新婚生活

貴英《クイイン》は初夜の寝床でもお漏らししてしまうが、有鉄《ヨウティエ》は嫌がりもせず、ズボンを洗いストーブの前で乾

かしてあげる。

幸い百年前の阿Qの時代とは異なり、出稼ぎによる耕作放棄地も多く、結婚を契機に彼は奮発して畑を借りたようすで、これまで以上に農作業に精を出す。そればかりか、自ら木枠で型取りした泥を乾して泥煉瓦を作り、これを積み上げて壁とし、草を編んで作った大きな筵《むしろ》を屋根として、マイホームさえ建ててしまうのだ。

無口な有鉄《ヨウティエ》が、ふと貴英《クイイン》に語る言葉が耀いている。たとえば「人には誰も運命《さだめ》があるさ。麦にも麦の運命があり、夏が来れば鎌に刈られるのさ」などは、底層で生きる農夫の悟りの境地といえようか。貴英《クイイン》でも養鶏採卵ならできるだろうと、一〇個の卵を借りて来た有鉄《ヨウティエ》は、殻を破ってひな鳥が出て来るのを見ながら貴英《クイイン》にこう語り掛ける――電球の熱で暖めてきたヒヨコには母鶏がいないので、「最初に見たものを母さんだと思う、だからきっとお前に懐くよ」。子供を産めない貴英《クイイン》にとって、なんと優しい言葉だろうか。

彼の優しさは、村人たちにも向けられる。村の耕作代行会社の社長が重病を患い輸血が必要となるが、彼の血液型はRHマイナスの稀少型（中国では稀少動物パンダにかけて俗に〝熊猫血（パンダの血）〟と称する）で、村でこの血液型を持つのは有鉄《ヨウティエ》ひとりであった。

かつて中国では余華（ユー・ホワ、よか、一九六〇～）の『血を売る男』（一九九五年発表、飯塚容訳、河出書房新社）、閻連科（イエン・リエンコー、えんれんか、一九五八～）の『丁庄の夢　中国エイズ村奇談』（二〇〇六年、谷川毅訳、河出書房新社）など貧困による売血を描いた名作小説が書かれてきた。これらの小説の登場人物たちが売血により多額の報酬を得るのに対して、有鉄《ヨウティエ》が献血のたびに社長代理の息子に頼むことは、去年一年未払いの代金を村人たちに払って欲しい、というものである。衰弱して行く夫の身を案じた貴英《クイイン》が、看護師に向かい必死で採血中止を懇願する姿も切ない。

## （四）癒やしの映画か？　不条理な〝現実〟批判か？（本節では作品の結末にも触れます）

清く貧しく美しい農村伝統の暮らしを送る夫婦は奇蹟により子宝に恵まれる……とハッピーエンドを期待していると、待望の燕麦収穫直後に、貴英《クイイン》が水路に落ちて溺死してしまう。遺体を新築のわが家の寝床の右端に安置した後、丁寧に埋葬した有鉄《ヨウティエ》は、村人たちに種もみ代金から鶏卵まで大小の借りを律義に返した後、自宅の泥煉瓦の壁に設けた貴英《クイイン》の祭壇の前に一本のガラス瓶を置く。それはおそらく農薬だろう——人が飲めば猛毒として作用する農薬。思えばノーベル賞作家の莫言（モーイエン、ばくげん、一九五五～）による中篇小説『歓楽』（一九八七年発表）で、大学受験に失敗し続けた農村青年が自殺の際に服毒するのも農薬であった。

先ほど、有鉄《ヨウティエ》は阿Qを彷彿させる、と述べた。阿Qとは通常の名前を持たず、家族から孤立し、旧来の共同体の人々の劣悪な性格を一身に集めて読者を失笑苦笑させたのち犠牲死して、旧共同体全体の倫理的欠陥を浮き彫りにし、読者を深い省察に導く人物である。魯迅は夏目漱石『坊っちゃん』の影響を受けて阿Qイメージを構想し、この阿Q像は王家衛（ウォン・カーウァイ、おうかえい、Wong Karwai、一九五八年上海生）監督『欲望の翼』（原題『阿飛正伝』）の張国栄（レスリー・チャン）演じる主人公や村上春樹『1Q84』の第三の主人公である牛河利治に継承された、と私は考えている（参照拙著『魯迅と日本文学　漱石・鷗外から清張・春樹まで』東京大学出版会、二〇一五年）。

有鉄《ヨウティエ》もこのような東アジアの阿Qの系譜に連なる人物なのだろうか。無欲律義で心優しく、ロバや鶏を労《いたわ》り、何よりも障害者の妻を喜ばすために麦やジャガイモを育てる有鉄《ヨウティエ》は、阿Qと比べて遥かに幸せな人生最後の一年を過ごしている。冤罪による銃殺間際、初めて目覚めたかのように「助けて……」と叫ぼうとした阿Qの惨めな死にざまと比べて、水死した妻を追って土に帰ろうとする有鉄《ヨウティエ》のわが運命を悟りきった態度に、見る者は聖哲の大往生さえ連想することだろう。

四〇年に渡る改革・開放政策で豊かになった現代中国の農村では、かつて阿Qのように苦しむばかりであった底層の者も、心の平安を得るに至った、と理解すべきだろうか。あるいは習近平体制成立以前の二〇一一年を舞台として、しかも幸せな最後の一年を過ごせる有鉄《ヨウティエ》を主人公としなくては、不条理な農村の〝現実〟描写は難しい、という政治に対する芸術的妥協の結果なのか。余華『血を売る男』も閻連科『丁庄の夢』も現在の中国ではおそらく発表し難い、という現実を考えると、『小さき麦の花』のテーマは容易なことでは解釈できない。

そもそも本作に社会批判性を求めるべきではなく、薄幸の夫婦の死を描いた愛の詩、と素直に感動に浸っていれば良いのか……黄色い大地が広がるスクリーンを前にして、私は迷い続けていた。それは魯迅「阿Q正伝」でも賈樟柯《ジャ・ジャンクー》作品でも味わうことのなかった、李睿珺（リー・ルイジュン、りえいくん、一九八三〜）監督独自の村の人生・黄色い大地という美学・哲学によるものともいえようか。

ちなみに『小さき麦の花』の中国語原題は〝隠入塵煙（土煙《つちけむり》に隠れゆく）〟であり、テーマも系譜性もすべて土煙に隠されているかのようである。

〔二〇二三年二月〕

DATA

『小さき麦の花』　原題／隠入塵煙　監督／李睿珺（リー・ルイジュン）
出演／武仁林（ウー・レンリン）、海清（ハイ・チン）　製作／二〇二二年

# 追悼山口淑子——満映の大スター・李香蘭とぬか漬け

「李香蘭は偉い、ロケ中も日本人には漬け物がなくてはならない、とぬか漬けを漬けて俳優やスタッフに配っていた」とは、戦前、満映（満州映画協会）に勤めていた方の話である。この言葉を聞いたのは一九八九年、拙著『東京外語支那語部』（朝日選書、一九九二年）執筆のため、横浜高商（現・横浜国立大学経済学部）の中国語助教授について調べていた時のこと、「東亜最大の国際女優」がぬか味噌をこねる——それは意外なエピソードだった。

それから七年後、台湾人作家呂赫若（リュー・ホールオ、ろかくじゃく、一九一四〜五一）の東京留学体験を調べる時には、山口淑子さんに手紙を差し上げた。呂は声楽の才能にも恵まれ、一九四〇年（昭和一五年）には東宝演劇部コーラス隊として日劇の舞台に立ったので「山口様は昭和一六年二月に日劇で『歌ふ李香蘭』の公演をなさいましたが……」と問い合わせたのだ。すると一カ月後に突然研究室の電話に「山口淑子でございます」という美声が響いた。そのご返事は拙著『台湾文学この百年』（東方選書、一九九八年）に「李香蘭こと現在の本名大鷹淑子は私の問い合わせに、一九九六年八月三〇日に電話で、日劇公演時の声楽隊に台湾人歌手がいたという記憶はないと答えている」と記すことになる。

　さらに七年後に刊行したノンフィクションノベル風の『中国見聞一五〇年』（NHK生活人新書、二〇〇三年）では、李香蘭の一九四一年台湾訪問を描いたので、山口さんにも一冊献呈した。だが山口さんは映画人川喜多長政の日本占領下の上海体験の章、それも同章の脇役劉吶鷗（リウ・ナーオウ、りゅうとつおう、一九〇五～四〇）という台湾人に興味を抱いたのだ。劉は大地主の長男として生まれ、東京に留学して青山学院を一九二六年に卒業、上海に渡ると新感覚派文学の旗手として活躍、三六年には映画監督となるなど台湾・日本・中国の間を自由に越境した。やがて上海『国民新聞』社長に就任、四〇年九月日本の映画関係者を昼食に招待したあと、一足先にオフィスに戻ろうと二階から階段を駆け下りたところを銃撃され、「殺《や》られた、殺《や》られた」という最後の言葉は日本語であった……。テロリストについては国民党説と映画利権をめぐる黒社会説などがある。

　テレビ朝日記者の高橋政陽さん経由で山口さんのお招きを受け、初めてお会いしたのは二〇〇六年九月のこと、場所は天麩羅屋稲ぎくのチャップリンの間であった。その昔、チャップリン来日の際に山口さんが接待したこの部屋では、山口さんご利用の際にお二人の記念写真が飾られる。健啖家で社交家の山口さんは、私だけでなくご自身にも海老天を追加注文なさり、清酒も最初は御猪口で飲んでいたが、やがてぐい呑みに替えましょう、と勧め、私と乾杯を繰り返してくださった。そしておもむろに「劉さんは暗殺されてしまった、あの時、わたしはお約束してパークホテルでお待ちしていたのです」と語るのだ。パークホテルとは南京路西端に立つ高層ホテルで、現在は国際飯店と称される。私はふと二人の越境者の間の恋愛を想像したが、涙する山口さんにはそれ以上の問い掛けはできなかった。

二カ月後に劉吶鷗のご次男で科学者の劉漢中教授が来日した際にも、山口さんは快く夕食会に応じてくださり、流暢にして美麗なる中国語で劉教授夫妻と、上海時代の劉吶鷗について語り合っていた。歓談の合間に、私がふと満映時代のぬか漬けのことをお訊ねすると、山口さんは優雅に微笑してこう答えた――わたしは漬け物大好き。ロサンジェルスでアメリカ人夫妻宅にいた時、たくわんを一本手に入れたのですが、夫妻が腐臭がすると大騒ぎなさったので、たくわんにごめんねと言って棄てました。

多彩な経歴をお持ちの山口さんは、ぬか漬けにより日本アイデンティティを保ち続けたともいえようか。謹んで慰霊の酒盃を献じたい。

〔二〇一四年一一月〕

# あとがき

コロナ禍収束後の二〇二三年七月、私は三年半ぶりに中国の土を踏むことができました。訪問先は奇しくも世界で最初にコロナ禍により〝封城《ロックダウン》〟された武漢市、ご当地にある華中師範大学開催の国際学会での基調講演に招聘されたからです。久しぶりに再会した彼の地の友人たちは、皆さん晴れやかな表情をしていましたが、バスや地下鉄で市内をめぐると、一部の店舗が閉じており、時折若者の失業率が上がっているというため息も聞こえました。

武漢出身の作家、方方（ファンファン、ほうほう、一九五五～）の〝封城〟生活を記したエッセー『武漢日記』の邦訳（『武漢日記　封鎖下60日の魂の記録』飯塚容、渡辺新一共訳、河出書房新社、二〇二〇年）刊行時には、私は新聞書評の末尾に「加油《ジアヨウ》（がんばれ）、武漢人！」の一句を添えたものですが、七月にも再度、武漢市民に向けて〝加油！〟と声援を送った次第です。

その後に訪れた南京では、学術交流の合間を縫って映画館に跳び込みました。そこで見たのは『我愛你！（愛してる！）』（韓延監督）――妻と死別し娘とは別世帯の六十代の元動物園職員が廃品回収業の中年独身女性と恋愛する一方、二人の友人である七十代と思しき男性は病気の妻と心中する、という高齢者二組の愛を初めはユーモラスに、やがて悲しく描く作品でした。

実は以前にも『我愛你』（張元監督、二〇〇二年、王朔原作）という「！」なしのほぼ同名の映画を見たことがあります。こちらは二十代の北京の若者の恋愛と新婚生活を描いたものでして、ヒロイン役の女優徐静蕾（シュー・ジンレイ、じょせいれい、一九七四〜）には、彼女の来日時に文芸誌掲載のためのインタビューをしたこともあり、同作は今も記憶に残っています。

『我愛你』と『我愛你！』との間には二十年余りの時が経過しただけなのですが、『我愛你！』は『我愛你』世代の老後の物語のようにも思えます。それは私自身が古稀の歳（七〇歳）を過ぎ、『我愛你！』のより高齢の男性と同世代となっているためでしょうか。それとも中国が急速に高齢化社会に向かいつつあるためでしょうか。いずれにせよ、〝我愛中国電影！（中国映画が大好き！）〟という気持ちは、歳を取るにつれますます強くなっております。

「まえがき」でも述べましたが、本書収録の映画評等は主に新聞・雑誌や配給会社からの依頼に応じて書いたものです。あの長かったコロナ禍の間も、挫けることなく映画製作を続け、その配給上映に努め、紹介の労を執って下さった日中両国の映画関係者、マスコミ関係者の皆様に深い敬意を表します。

そして二五篇の拙稿を巧みに配列して、ドラマチックな中国映画の時空を演出して下さった東方書店コンテンツ事業部の家本奈都さんに、お礼申し上げる次第です。

中国映画のさらなる自由な発展を祈りつつ　二〇二四年二月二一日
藤井省三@名古屋外国語大学日進校舎

## 初出一覧

第一章　プロローグ――中華民国の終わりと人民共和国の始まり
クロニクル『さらば、わが愛／覇王別姫』
『さらば、わが愛／覇王別姫４Ｋ』劇場用パンフレット（KADOKAWA、二〇二三年七月）
中国　銀幕に紡ぐ「記憶」
『読売新聞』二〇〇八年六月二六日朝刊

第二章　天安門事件から暗黒の不動産開発まで
中国の『ノルウェイの森』――または天安門事件後の「余計者」の恋人たち
『天安門、恋人たち』劇場用パンフレット（シアター・イメージフォーラム、二〇〇八年七月）
「雨は雲となり風に漂う」――四角関係殺人事件と中国不動産開発の腐敗をフラッシュバックで描く
『ネイキッド～身も心も、むきだし。』（トーキングヘッズ叢書No.94）（アトリエサード、二〇二三年四月）
大都武漢の〝城中村〟を舞台とする裏切りと情愛の物語――中国の〝黒色電影〟『鵞鳥湖の夜』を読む
『鵞鳥湖の夜』劇場用パンフレット（ブロードメディア、二〇二〇年九月）

第三章　賈樟柯（ジャ・ジャンクー）
斜陽の炭都大同の青春――賈樟柯『青の稲妻』
『ユリイカ』二〇〇三年二月号
北京ニューカマーたちの孤独な青春
『新潮』二〇〇五年一一月号

映画『長江哀歌』に見る現代中国
『長江哀歌』劇場用パンフレット（東宝、二〇〇七年八月）（『長江哀歌日本版プレス』掲載原稿の一部修正版）
幻の街の「歴史の記憶」――虚実皮膜の不思議な映画
『四川のうた』劇場用パンフレット（ビターズ・エンド、二〇〇九年四月）
賈樟柯氏インタビュー
「ひと　ジャ・ジャンクー」『すばる』第36巻第6号、二〇一四年六月
中国映画のちょっとヤクザな男女――賈樟柯監督『江湖児女』
老外漢學家的車轂轆話 第15回　中國映畫のちょっとヤクザな男女――ジャ・ジャンクー（賈樟柯）監督『江湖児女』
https://zh.cn.nikkei.com/columnviewpoint/column/33388-2018-12-10-05-00-04.html?start=1、日经中文网 NIKKEI――
日本経済新闻中文版、二〇一八年一二月一〇日

第四章　改革開放経済の明暗
現代中国の原風景――野外映画館「シネマ大世界」が映し出す清く美しき時代
『玲玲の電影日記』劇場用パンフレット（アルバトロス・フィルム、二〇〇六年五月）
詩人は鶏の羽根のように吹かれて飛ぶ――中国現代詩史をそえて
詩人は鶏の羽のように吹かれて飛ぶ：孟京輝監督『チキン・ポエッツ』『ユリイカ』二〇〇二年一一月号
友情と愛情の久しきこと天地の如く――『在りし日の歌』が描く改革・開放と一人っ子政策の三〇年史
『在りし日の歌』劇場用パンフレット（ビターズ・エンド、二〇二〇年四月）
民主化の展望を失った寂しい「超大作」――張芸謀監督『英雄』
『ユリイカ』二〇〇三年五月号
中国の大奥ものドラマ『延禧攻略』にはまってしまって
老外漢學家的車轂轆話 第17回　中國の大奥物ドラマ『延禧攻略』にはまってしまって https://zh.cn.nikkei.com/

columnviewpoint/column/34459-2019-02-26-05-00-10.html?start=1、日经中文网 NIKKEI——日本経済新闻中文版、
二〇一九年二月二六日
〝老外漢学家（老人外人中国文学者）〟が読む現代北京の〝老炮児〟と民国期の闘士
現代北京の〝老炮児〟と民国期の闘士 https://cn.nikkei.com/columnviewpoint/column/18650-20160314.html?start=1、
日经中文网 NIKKEI——日本経済新闻中文版、二〇一六年三月一四日
中国江南水郷の古都を美しくリアルに、溢れる立体感で描き出す傑作映画
『春江水暖〜しゅんこうすいだん』劇場用パンフレット（ムヴィオラ、二〇二一年二月）

第五章　〝反右派〟闘争、文化大革命の傷痕
中国政治犯たちの収容所の記憶——映画『無言歌』の原作『夾辺溝の記録』をめぐって
『無言歌』劇場用パンフレット（ムヴィオラ、二〇一一年一二月）
地獄の収容所「幸存者」が語る……中国の「反右派闘争」
『読売新聞』二〇一〇年七月二〇日朝刊
現代中国のトラウマを集約したドキュメンタリー大作——池谷薫監督『延安の娘』
『ユリイカ』二〇〇三年一一月

第六章　日中戦争の記憶と現代シンガポールの「病める家」
中国映画における日中戦争の描きかた
中国映画における日中戦争の描きかた——『鬼が来た！』と『戦場に咲く花』『ユリイカ』二〇〇三年八月号
南京事件の〝記憶〟を紡ぐ——村上春樹『ねじまき鳥クロニクル』と陸川監督『南京！　南京！』
未発表

映画と小説が描くシンガポールという「病める家」
舛谷鋭監修『開高健記念アジア作家講演会シリーズ16：丁雲講演会――シンガポール華人の喪失と漂流』（国際交流基金、二〇〇六年）

第七章　エピローグ
〝小さき麦〟を植える有鉄は現代の阿Qか？――〝底層叙述〟映画に花開く一粒の愛の詩
『小さき麦の花』劇場用パンフレット（ムヴィオラ、二〇二三年二月）
追悼山口淑子――満映の大スター・李香蘭とぬか漬け
『中央公論』二〇一四年一一月号

## 人名索引

### あ



### か

## さ

**た**

**な**



**は**

**ま**



**や**

## ら

**わ**

## 作品名索引

〔　〕内中国語原題

ゴシック体はメインで作品を紹介しているページです

## 著者略歴

藤井省三（ふじい・しょうぞう）

1952 年生まれ。東京大学名誉教授。現在、名古屋外国語大学図書館長。専攻は現代中国語圏の文学と映画。著書に『魯迅と日本文学　漱石・鷗外から清張・春樹まで』『中国語圏文学史』（以上、東京大学出版会）、『魯迅と紹興酒』『魯迅と世界文学』（以上、東方書店）、『村上春樹と魯迅そして中国』（早稲田新書）など。訳書に魯迅短編集『故郷／阿Q正伝』、張愛玲短編集『傾城の恋／封鎖』（光文社古典新訳文庫）、莫言『酒国』（岩波書店）、李昂『眠れる美男』（文藝春秋）、董啓章『地図集』（河出書房新社）ほか多数。

21世紀《せいき》の中国映画《ちゅうごくえいが》

二〇二四年四月二五日　初版第一刷発行

著　者●藤井省三
発行者●間宮伸典
発行所●株式会社東方書店
東京都千代田区神田神保町一―三　〒一〇一―〇〇五一
電話〇三―三二九四―一〇〇一
営業電話〇三―三九三七―〇三〇〇
装　幀●クリエイティブ・コンセプト（松田晴夫）
印刷・製本●株式会社平河工業社

定価はカバーに表示してあります


ISBN978-4-497-22403-3　C0074

小社ホームページ〈中国・本の情報館〉で小社出版物のご案内をしております。
https://www.toho-shoten.co.jp/

## 東方書店出版案内

価格 10%税込

### 映画がつなぐ中国と日本　日中映画人インタビュー

劉文兵著／国交正常化以前からの映画人の交流、文革時代の映画製作、高倉健のインパクト、山田洋次・大林宣彦など日本の監督から受けた刺激……日中の映画人が語る貴重な証言。第二部はチャン・イーモウ、ジョン・ウー、ジャ・ジャンクーから新世代の監督まで7名が登場。

四六判三八四頁◎税込二二〇〇円（本体二〇〇〇円）978-4-497-21815-5

### 中国21 Vol. 59 中国とハリウッド、映画祭

愛知大学現代中国学会編／特集では「インタビュー　中国映画と国際映画祭―東京国際映画祭プログラミング・ディレクター 市山尚三氏に聞く」のほか、「「香港映画は死んだ」のか、それとも「小春日和」なのか」（陳智廷）、「グローバル化する東アジア映画と鍾孟宏監督作の中の家族」（阿部範之）など論説5編、特別寄稿2編を収録。

A5判一九六頁◎税込二二〇〇円（本体二〇〇〇円）978-4-497-22321-0

### 魯迅と紹興酒　お酒で読み解く現代中国文化史

〔東方選書50〕藤井省三著／一九七九年の上海ビールの味、映画に見る北京の地酒、魯迅が描く紹興酒の風景、台湾文学に登場する清酒白鹿……中国文学研究者にして愛飲家の著者が、文学や映画に描かれた酒の風景をたどり、改革・開放経済体制以後の四〇年で大変貌を遂げた現代中国を語る。

四六判二八六頁◎税込二二〇〇円（本体二〇〇〇円）978-4-497-21819-3

## 東方書店出版案内

価格 10%税込

### 魯迅と世界文学

藤井省三著／東アジア共通の文化遺産でありモダン・クラシックである魯迅文学を、作家たちはどのように受容し作品へと昇華させていったのか。グローバルな時空から魯迅文学や東アジア作家による魯迅読書体験を読み解いていく。

四六判三六八頁◎税込二九七〇円（本体二七〇〇円）978-4-497-22022-6

### 莫言の思想と文学　世界と語る講演集

莫言著／林敏潔編／藤井省三・林敏潔訳／莫言の講演集『用耳朶閲読（耳で読む）』より海外での講演録にノーベル賞授賞式での講演録を加えた23篇を翻訳収録。ユーモアを交えながら、自身の文学体験や「莫言文学」のエッセンスを語っている。

四六判二五六頁◎税込一九八〇円（本体一八〇〇円）978-4-497-21512-3

### 莫言の文学とその精神　中国と語る講演集

莫言著／林敏潔編／藤井省三・林敏潔訳／『用耳朶閲読』より中国国内での講演録19篇に「莫言に関する8つのキーワード」「破壊の中での省察」の2篇を加える。文学体験や文学批評について語り、「庶民として書く」「作家とその創造」「私はなぜ書くのか」などは莫言の作家としての矜持がうかがえる。

四六判四二四頁◎税込二六四〇円（本体二四〇〇円）978-4-497-21608-3